新中国**70**年
向世界贡献了什么
董振华 主编

中国力量

谷耀宝◎编著

天津出版传媒集团

天津人民出版社

图书在版编目（CIP）数据

中国力量 / 谷耀宝编著. -- 天津 ： 天津人民出版
社，2019.10
　　（新中国70年向世界贡献了什么 / 董振华主编）
　　ISBN 978-7-201-15436-7

　　Ⅰ．①中… Ⅱ．①谷… Ⅲ．①中国特色社会主义—理
论研究 Ⅳ．①D616

　　中国版本图书馆CIP数据核字(2019)第218407号

中国力量
ZHONGGUO LILIANG

出　　版	天津人民出版社
出 版 人	刘　庆
地　　址	天津市和平区西康路35号康岳大厦
邮政编码	300051
网购电话	（022）23332469
网　　址	http：//www.tjrmcbs.com
电子信箱	reader@tjrmcbs.com
责任编辑	王佳欢
封面设计	仙　境
印　　刷	北京中科印刷有限公司
经　　销	新华书店
开　　本	710毫米×1000毫米　1/16
印　　张	14
字　　数	145千字
版次印次	2019年10月第1版　2019年10月第1次印刷
定　　价	42.00元

总　序

新中国 70 年向世界贡献了什么

今年正值新中国成立 70 周年，70 年来我们艰苦奋斗、砥砺奋进，取得了举世瞩目的成就。很难想象，我们是如何从一个积贫积弱、一穷二白的落后国家跨越到今日的世界第二大经济体，成为拥有全工业门类、科技事业逐步领先全球、即将完全摆脱绝对贫苦的国家。1949 年新中国成立时，全国钢产量仅 15.8 万吨，煤产量仅 3243 万吨，粮食产量为 11318 万吨，棉花产量为 44.4 万吨，人均国民收入更是只有 27 美元。[1] 全国各地生产萎缩、交通梗阻、失业人数众多，可以说是千疮百孔，百废待兴。在这样的情况下，中国共产党团结带领人民，完成了新民主主义革命和社会主义改造，建立了社会主义基本制度，进行了对社会主义建设的艰辛探索，实现了中华民族从东亚病夫到站起来的伟大飞跃。改革开放以来，中国共产党团结带领人民开辟了中国特色社会主义

---

[1] 胡绳主编，中共中央党史研究室著：《中国共产党的七十年》，中共党史出版社 1991 年版，第 289 页。

道路，坚持以经济建设为中心，大踏步赶上了时代，实现了中华民族从站起来到富起来的伟大飞跃。进入新时代，中国共产党团结带领人民进行伟大斗争、建设伟大工程、推进伟大事业、实现伟大梦想，推动党和国家事业取得全方位、开创性历史成就，发生深层次、根本性历史变革，使中华民族迎来了从富起来到强起来的伟大飞跃！"穷则独善其身，达则兼济天下。"党的十九大报告指出："中国特色社会主义进入新时代，意味着中国特色社会主义道路、理论、制度、文化不断发展，拓展了发展中国家走向现代化的途径，给世界上那些既希望加快发展又希望保持自身独立性的国家和民族提供了全新选择，为解决人类问题贡献了中国智慧和中国方案。"

一、为世界贡献了中国道路

改革开放以来，我们取得一切成绩和进步的根本原因，归结起来就是：开辟了中国特色社会主义道路，形成了中国特色社会主义理论体系，确立了中国特色社会主义制度，发展了中国特色社会主义文化。正所谓"道路决定方向，道路决定命运"，中国道路的开辟对于在中国这样一个经济文化都落后的国家，如何在短时间内实现从站起来、富起来到强起来的伟大飞跃，具有关键性的作用。这条中国道路就是中国特色社会主义道路，习近平总书记在党的十九大报告中强调："中国特色社会主义道路是实现社会主义现代化、创造人民美好生活的必由之路。"如今，中国道路已经具备了更多的世界意义。

1. 中国道路回应了世界发展单一模式论

在中国崛起之前，国际社会普遍认为实现现代化只有一条道路可走，就是西方式的经济政治发展道路，认为世界发展模式只能定于一尊，没有其他道路可走。但是，中国道路的成功有力回击了这种错误观点。

中国道路最显著的特征就是中国共产党的领导，一方面，党的领导是中国道路形成的根本保证；另一方面，正是因为有党的领导，中国道路在形成发展过程中才能取得一系列成就。中国道路是社会主义道路，始终坚持以马克思主义为指导。马克思主义是已经被实践证明了的关于人类社会发展的科学理论，正是在马克思主义理论的指导下，中国道路才不至于走弯走斜；中国道路坚持以经济建设为中心，坚持四项基本原则和坚持改革开放。改革开放使中国焕发了生机活力，事实证明：封闭没有出路，只有不断解放和发展生产力，不断提高人民生活水平，坚持改革与发展，才能摆脱贫困与落后。

2. 中国道路鼓舞了发展中国家积极寻找适合自身的发展道路

中国道路是中国人民在长期实践中自行探索出来的，既没有成例可以遵循，也不能照抄照搬别国的道路。习近平总书记强调："当代中国的伟大社会变革，不是简单延续我国历史文化的母版，不是简单套用马克思主义经典作家设想的模板，不是其他国家社会主义实践的再版，也不是国外现代化发展的翻版。"[1]中国道路的成功实践充分说明了发展中国家可以找到适合自身发展的道路，而不必照抄照搬别国的道路。

每个国家都有着不同的历史文化，有着不同的资源禀赋，有着不同的现实国情，所以在世界上很难找到一种放之四海而皆准的发展道路，中国也不例外。世界上的各个发展中国家要想实现自身的独立发展，就

---

[1] 习近平：《在纪念马克思诞辰 200 周年大会上的讲话》，《人民日报》2018 年 5 月 5 日。

要努力寻找适合自身的发展道路。

3. 中国道路绝不会损害其他国家和地区的正当利益

西方一些人长期鼓吹"中国威胁论",大谈"修昔底德陷阱",认为中国的崛起就是要夺取世界霸权,挑战世界秩序。但是中国绝不会走国强必霸的道路,中国也绝不会损害世界上其他国家和地区的正当利益。

反思历史我们会发现,一些强国在自身崛起过程中曾靠榨取他国利益来实现自身发展,甚至现在依旧在干涉他国权益以满足自身利益。中国曾经是殖民时代的受害者,对于恃强凌弱有着痛苦的记忆,中国绝不会把自己经历的苦难转移给别人,绝不会损害其他国家正当利益,将来更不会危害他国,中国将始终做正当利益的维护者。

二、为世界贡献了中国智慧

中西方历史上都存在着追求智慧的传统。在西方,古希腊时期开启的"爱智"精神贯穿了整个西方思想史;在中国,追求智慧体现为"求道",比如,中国典籍中所说的"一阴一阳之谓道""道生一,一生二,二生三,三生万物"等。现在,新中国70年奋斗历程向世界提供的中国智慧,则是中华民族5000多年文明史的精华与近代以来救亡图存智慧的结合,是我们继续为实现中华民族伟大复兴而奋斗的中国智慧的结晶,这些中国智慧必能为世界发展和人类进步提供有益的帮助。正如习近平总书记在党的十九大报告中所说:"中国将继续发挥负责任大国作用,积极参与全球治理体系改革和建设,不断贡献中国智慧和力量。"

1."协和万邦"的中国智慧为世界提供了价值追求

《尚书·尧典》记载:"克明俊德,以亲九族。九族既睦,平章百姓。百姓昭明,协和万邦。"这里体现的就是中国人的天下情怀,即由小及大、由内及外的步骤和目标。这个目标一方面体现为以和为贵,中国自古就崇尚和平、反对战争,主张各个国家、各个民族和睦共处,在尊重文明多样性的基础上推动文明交流互鉴;另一方面则体现为合作共赢,中国从不主张非此即彼的零和博弈思维,始终倡导兼容并蓄的理念,并切身践行这一理念,中国欢迎各国人民搭乘中国发展的"快车",共享中国发展的成果;同时,中国也希望世界各国能够携起手来共同应对全球挑战,通过汇聚大家的力量更好解决问题。

"协和万邦"就是中国为世界贡献的中国智慧之一,是中国为世界提供的价值追求。通过共同努力,就一定能够实现全球治理体系和国际秩序的变革,创造人类更加美好的未来。

2."生生不息"的中国智慧为世界提供了发展动力

中华民族是勤劳的民族,历史上我们总是在生生不息地奋斗,靠奋斗创造自己的未来。中国人不相信宿命,中国人认为"我命由我不由天",这种底气就来自生生不息的奋斗精神,这种精神鼓舞人们不断在攻坚克难、爬坡过坎中战胜一切艰难险阻,直至到达胜利的彼岸。

对于世界人民来说,也要保持生生不息的奋斗精神。人类能够发展至今很不容易,而往后前进的每一步都要比现在付出更多努力。当今的世界体系仍然很不完善,人类面临着霸权主义、恐怖主义、战争频发的威胁,我们要以不屈的精神顽强拼搏,不断提高人类科技实力和文明程度，实现民族独立、和平稳定发展。

生生不息的奋斗精神还体现出我们对生命的尊重。当今世界的繁荣正是由一个个鲜活的生命所创造的，我们要想继续保持这种繁荣，就要充分尊重人的主体性，激发个体的创造力，平等对待世界上的每一个人，拒绝歧视、拒绝压迫、拒绝倾轧。与此同时，我们还需要为我们的子孙后代留下继续发展的条件，让地球在一代又一代人的传承中美丽繁荣。

3."天人合一"的中国智慧为世界提供了前进思路

中国传统文化中的"天人合一"观念回答的是主体与外部世界的关系问题，《老子》有言："人法地，地法天，天法道，道法自然。"在中国人看来，自身与外部世界本来就是同一的，因为二者都遵循着相同的法则，即"道"，人只要合乎"道"，就会没有过错，就可以与外部世界处于一种和谐的关系之中。

西方思想中长期存在着主客二元对立的传统，在他们看来，主体与客体之间存在不可逾越的"鸿沟"，二者存在矛盾。正是由于这种对立矛盾的存在，使得我们往往无法让现实变得"随心所欲"。

当今世界我们面临的许多问题，本质上都是没有处理好自身与外部世界关系的问题，如果全世界能够广泛认可中华民族的"天人合一"观念，充分认识到自身与外物可以处在一种和谐的关系之中，我们现在所面临的许多难题就可以迎刃而解了。

三、为世界贡献了中国力量

习近平总书记指出："现在，中国人民和中华民族在历史进程中积累的强大能量已经充分爆发出来了，为实现中华民族伟大复兴提供了势不可挡的磅礴力量。"[1]中国 70 年来能够成功发展的原因之一,就在于我们能够凝聚起全民族的磅礴力量,为实现我们的共同目标而执着奋斗。中国力量不仅能够用于自身建设,而且能够为世界繁荣发展做出贡献。中国是世界上人口数量第一、国土面积第三的国家,是世界第二大经济体,是世界版图上举足轻重的力量,中国有能力参与全球事务,中国也有责任推动世界发展和人类事业进步。

1. 中国力量是维护世界和平、促进共同发展的力量

党的十九大报告指出:"中国将高举和平、发展、合作、共赢的旗帜,恪守维护世界和平、促进共同发展的外交政策宗旨。"中华民族向来是爱好和平的民族,近代以来,中国人民经历了严重的战争创伤,这使得我们更加珍惜今天的和平局面,因此自新中国成立以来就始终坚持走和平发展的道路,中国的发展从来不以牺牲和平安定的环境为代价。但我们必须承认的是,当今世界仍然面临着诸多危害和平的因素,霸权主义和强权政治阴魂不散,恐怖主义蔓延,极端宗教势力滋长,不确定性因素在增加,局部武装冲突时有发生。为此,世界和平需要一个强有力的保障力量,而这个力量正来自中国。

与此同时,世界还面临贫困、饥饿、发展不平衡等问题,而发展则是解决一切问题的根本动力。人类事业需要进步,当今世界需要发展,中国正在成为推动世界发展的中坚力量。作为世界第二大经济体,中国每年保持 6% 左右的经济增长率,为世界经济增长贡献了近 1/5,中国积极同广大发展中国家开展经贸往来,不断提高开放程度,在实现自身发

---

[1] 习近平:《在庆祝改革开放 40 周年大会上的讲话》,《人民日报》2018 年 12 月 19 日。

展的同时有力带动了其他国家和地区的发展。

2. 中国力量是推动构建人类命运共同体的力量

当今世界正处于百年未有之大变局，一方面，世界多极化、经济全球化深入发展，新一轮科技革命和产业革命正在孕育成长；另一方面，人类也正处在一个挑战层出不穷、风险日益增多的时代。面对这一世界大势，中国提出的方案是构建人类命运共同体。马克思和恩格斯早就预言，"各民族的原始封闭状态由于日益完善的生产方式、交往以及因交往而自然形成的不同民族之间的分工消灭得越是彻底，历史也就越是成为世界历史"[1]。现实的发展也证明了这个预言，当今世界正在变成一个日益密切的整体，谁也不可能"绝世而独立"，我们必须顺应这种时代潮流，积极融入世界、参与世界。中国倡导构建人类命运共同体，建设持久和平、普遍安全、共同繁荣、开放包容、清洁美丽的世界，主张相互尊重、平等协商，用对话而不对抗的方式解决国际争端，倡导同舟共济，推动经济全球化朝着更加开放、包容、普惠、平衡、共赢的方向发展。现如今在中国的积极推动下，人类命运共同体已经取得了广泛的认可，多次被写入联合国文件，正在从理念转化为现实，产生广泛而深远的国际影响，引领着人类文明进步的方向。

3. 人民是中国力量的不竭之源

中国力量之所以能够源源不断，并且越积越多、越聚越强，就在于中国力量有着稳定的来源，这些来源正是我们创造中国奇迹的成功密

---

[1] 马克思、恩格斯：《德意志意识形态》，《马克思恩格斯选集》第一卷，人民出版社2012年版，第168页。

码。中国力量来自科学理论，70年来我们在科学理论的指导下披荆斩棘，排除万难，解决了许多前人从未遇到过或从未有效解决的问题；中国力量来自理想信念，正是在理想信念的激励下凝聚起团结奋进的力量；中国力量来自先进文化，吸收着5000多年优秀传统文化的精华；中国力量来自制度优势，中国特色社会主义制度是适合我国国情、具有显著优势的制度；中国力量来自综合国力，我们坚持把发展作为执政兴国的第一要务，不断增强自身实力；中国力量来自坚强领导核心，中国共产党是牢记初心和使命、敢于自我革命的政党；中国力量来自共商共建共享的全球治理观，积极树立负责任大国形象。

归根结底，中国力量来自人民。马克思主义唯物史观揭示出人民群众是历史的主体，是历史的创造者，在推动人类社会历史发展中起着决定性作用。回顾新中国的成长历程我们就会发现，我们党之所以能够领导人民取得社会主义革命、社会主义建设和改革开放的伟大胜利，根本原因就在于我们党始终深深扎根于人民群众之中，人民群众为我们党提供了不竭的力量。过去我们创造中国奇迹靠的是中国人民，未来我们走向世界仍然要依靠中国人民。

今日之中国已不同于往日之中国，当前我们积极参与全球治理，始终不渝走和平发展道路，奉行互利共赢的开放战略，推动构建人类命运共同体，始终做世界和平的建设者、全球发展的贡献者、国际秩序的维护者。正是在中国不断对外开放和交往中，将中国由落后国家变为现代化国家的成功经验推向了世界，给世界上诸多需要进行现代化建设的国家和地区提供了启示和借鉴。70年的风雨历程，中国人民探索出了宝贵的中国经验，这主要表现为中国道路、中国智慧和中国力量三个方面。

中国力量

我们相信，随着中国自身的进一步发展，中国必将更多地参与到全球事务中来，更多地为世界提供中国经验！

中共中央党校（国家行政学院）哲学部副主任、教授、博士生导师　董振华

2019 年 9 月

目 录

第一章

科学理论：思想指引的力量

我们要坚信，中国特色社会主义理论体系是指导党和人民沿着中国特色社会主义道路实现中华民族伟大复兴的正确理论，是立于时代前沿、与时俱进的科学理论。

——习近平在庆祝中国共产党成立 95 周年大会上的讲话（2016 年 7 月 1 日）

古今中外的历史和现实昭示我们，只有拥有伟大的思想，才能成就伟大的事业。新中国成立 70 年来，党和国家历经重重难关和考验，披荆斩棘，排除万难，解决了许多前人从未遇到过或从未有效解决的问题，靠的就是科学理论的指导。

改革开放 40 多年来，我们党不断推进实践基础上的理论创新：其一，我们党确立了解放思想、实事求是的正确思想路线。习近平总书记指出："中国人民坚持解放思想、实事求是，实现解放思想和改革开放相互激荡、观念创新和实践探索相互促进，充分显示了思想引领的强大力量。"[1]其二，我们党始终坚持根据实践的发展和下一阶段更高水平实践的需要，与时俱进推进理论创新、思想飞跃。其三，我们党始终坚持辩证唯物主义和历史唯物主义方法论，形成了"摸着石头过河""先行先试、由点到面、全面推广""先富带动后富"等一系列方法论的重大创新。其四，我们党始终坚持围绕改革开放展开科学理论建构，形成独具中国特色的改革理论。其中，最根本的是在创

---

[1]习近平：《开放共创繁荣 创新引领未来》，《人民日报》2018 年 4 月 11 日。

造性回答什么是社会主义、怎样建设社会主义，建设什么样的党、怎样建设党，实现什么样的发展、怎样发展，新时代坚持和发展什么样的中国特色社会主义、怎样坚持和发展中国特色社会主义等一系列重大时代课题的历史进程中，我们党创立了邓小平理论、"三个代表"重要思想、科学发展观、习近平新时代中国特色社会主义思想，为当代中国实现从落后于时代到大踏步赶上时代、引领时代的历史性跨越提供了科学的思想指引和强大的精神力量。

一、真理的光芒

从积贫积弱，连一架飞机、一辆坦克、一辆汽车都造不了，到"两弹一星"震撼寰宇，天宫、蛟龙、天眼、悟空、墨子、大飞机等重大科技成果相继问世；从一穷二白、百废待兴，到经济总量稳居世界第二，"一带一路"建设普惠世界；从被全面封锁、包围、制裁，到冲出重围，日益走近世界舞台中央，迎来中华民族伟大复兴的光明前景。当代中国在 70 年的发展历程中特别是在改革开放 40 多年进程中，创造了举世瞩目的伟大发展奇迹。这背后的思想秘密是什么？所有这些伟大创造都离不开一个伟大思想——马克思主义的指引。

在中华民族遭受着近代以来最惨痛的危难、陷入无尽的黑暗苦苦挣扎之际，马克思主义犹如壮丽的日出，照亮了中华儿女探索寻求自身解放的道路。正如习近平总书记在纪念马克思诞辰 200 周年大会上的讲话中所指出的："马克思给我们留下的最有价值、最具影响力的精神财富，就是以他名字命名的科学理论——马克思主义。这一理论犹如壮丽的日出，照亮了人类探索历史规律和寻求自身解放的道路。""马克思的思想理论源于那个时代又超越了那个时代，既是那个时代精神的精华又是整个人类精神的精华。"[1] 理论是时代的产物，但伟大的思想既立足自身的时代，又会超越自身的时代；既具有对自身时代的深刻观照，也具有一般理论所不具有的阶级和时空的超越性。

马克思主义与其他价值理论有着根本的不同，既非书斋里的学问，也非只为某一阶级服务的思想，从其产生之初就致力于打破旧世界，重建新世界，消灭剥削，消除压迫，以实现全人类解放为最终目标。在人类思想史上，还没有哪一个理论能像马克思主义理论一样具有如此巨大的影响力和思想力量。

（一）千年第一思想家

在 20 世纪与 21 世纪之交，西方社会对过去千年中谁是最伟大的思想家作了数次评选，评选的结果令人惊讶。1999 年，英国剑桥大学和英国广播公司（BBC）先后发起了评选"千年第一思想家"的活动，评选的结果都是马克思位居第一、爱因斯坦排在第二；2002 年，在英国路透社发起的"千年伟人"评选中，马克思则以一分之差位列第二，而位列

---

[1] 习近平：《在纪念马克思诞辰 200 周年大会上的讲话》，《人民日报》2018 年 5 月 5 日。

第一的则是爱因斯坦；2005 年，英国广播公司又发起了一次"古今最伟大的哲学家"的评选活动，结果马克思以 27.93% 的高得票率位居榜首，位列第二的大卫·休谟得票率仅为 12.6%，之后则是苏格拉底、柏拉图、亚里士多德、康德、黑格尔等。从中我们可以看到，马克思对当今世界仍然有着巨大的影响力。尤其是在 2008 年美国爆发金融危机并席卷全球以后，西方社会对马克思及其思想倍加推崇，一些民众在示威游行中甚至打着"马克思说对了"的标语，呼喊着"马克思，回来吧"的口号。可以说，在整个人类历史上没有一个思想家能超过马克思在当今世界的影响力。

英国马克思主义文化理论家特里·伊格尔顿认为："与政治家、科学家、军人和宗教人士不同，很少有思想家能真正改变历史的进程，而《共产党宣言》的作者恰恰在人类历史的发展进程中发挥了决定性的作用。人类历史上从未出现过建立在笛卡儿思想之上的政府，用柏拉图思想武装起来的游击队，或者以黑格尔的理论为指导的工会组织。马克思彻底改变了我们对人类历史的理解，这是连马克思主义最激烈的批评者也无法否认的事实。"[1]西方经济学家熊彼特也指出："绝大多数智者的创造或幻想经过一段时间以后，便永久地消失了。这段时间可能只是一顿饭的工夫，最长不超过一代人的时间。但另一些作品却不是这样。它们经历过失落，但它们重新出现了，它们不是作为未被认识的文化遗产

---

〔1〕〔英〕特里·伊格尔顿著：《马克思为什么是对的》，李杨等译，新星出版社 2011 年版，第 2 页。

的一部分出现的，而是以作者个人的方式、带着个人的印迹出现的，这些是人们能看到、感受到的。这就是我们称之为伟大的东西，把伟大和生命力联系在一起并没有什么不好的地方。按这个意思说，伟大这个词无疑适用于马克思的学说。"[1]

马克思主义理论是以马克思名字命名的理论，这也充分说明了在马克思主义理论创立过程中，马克思所具有的不可替代性。马克思主义理论的形成与马克思本人高贵的精神品质息息相关。

1.为全人类谋幸福

出生在德国特里尔一个普通律师家庭的马克思，从小就有着超越同龄人的思想和崇高追求，他在中学毕业论文《青年在选择职业时的考虑》中这样写道："如果我们选择了最能为人类而工作的职业，那么，重担就不能把我们压倒，因为这是为大家作出的牺牲；那时我们所享受的就不是可怜的、有限的、自私的乐趣，我们的幸福将属于千百万人，我们的事业将悄然无声地存在下去，但是它会永远发挥作用，而面对我们的骨灰，高尚的人们将洒下热泪。"[2]"为全人类谋幸福"便是马克思的初心，更是其所自觉肩负起的伟大使命。马克思出身于中产阶层，但终其一生都在为无产阶级革命事业、为实现全人类解放而不懈奋斗，即使穷困潦倒、颠沛流离，即使饱受病痛的煎熬和失去亲人的痛苦，他始

[1]〔美〕熊彼特著：《从马克思到凯恩斯》，韩宏等译，江苏人民出版社2003年版，第1页。
[2]马克思：《青年在选择职业时的考虑》，《马克思恩格斯全集》第一卷，人民出版社2002年版，第459—460页。

终初心不改，矢志不渝，为其崇高理想奋斗终身！

2. 追求真理勇攀高峰

中国革命导师李大钊曾经说："人生最高之理想，在于求达于真理。"这句话用在马克思身上最贴切不过。正如恩格斯所指出的，"正像达尔文发现有机界的发展规律一样，马克思发现了人类历史的发展规律"[1]，"不仅如此。马克思还发现了现代资本主义生产方式和它所产生的资产阶级社会的特殊的运动规律"[2]，"一生中能有这样两个发现，该是很够了。即使只能作出一个这样的发现，也已经是幸福的了。但是马克思在他所研究的每一个领域，甚至在数学领域，都有独到的发现，这样的领域是很多的，而且其中任何一个领域他都不是浅尝辄止"[3]。

3. 战斗不息的一生

习近平总书记在纪念马克思诞辰 200 周年大会上的讲话中指出："马克思的一生，是为推翻旧世界、建立新世界而不息战斗的一生。恩格斯说，'马克思首先是一个革命家'，'斗争是他的生命要素。很少有人像他那样满腔热情、坚韧不拔和卓有成效地进行斗争'。马克思毕生

---

[1]恩格斯：《在马克思墓前的讲话》，《马克思恩格斯选集》第三卷，人民出版社 2012 年版，第 1002 页。

[2]恩格斯：《在马克思墓前的讲话》，《马克思恩格斯选集》第三卷，人民出版社 2012 年版，第 1002 页。

[3]恩格斯：《在马克思墓前的讲话》，《马克思恩格斯选集》第三卷，人民出版社 2012 年版，第 1003 页。

的使命就是为人民解放而奋斗。为了改变人民受剥削、受压迫的命运，马克思义无反顾投身轰轰烈烈的工人运动，始终站在革命斗争最前沿。他领导创建了世界上第一个无产阶级政党——共产主义者同盟，领导了世界上第一个国际工人组织——国际工人协会，热情支持世界上第一次工人阶级夺取政权的革命——巴黎公社革命，满腔热情、百折不挠推动各国工人运动发展。"[1]

（二）实事求是的思想路线

在中共中央党校（国家行政学院）北院校园里有一块醒目地镌刻着"实事求是"四个大字的花岗岩，这四个字是毛泽东为中央党校题写的校训。实事求是，是马克思主义的精髓和活的灵魂，是中国共产党人世界观和方法论的基石，无论是革命时期、建设时期还是改革时期，实事求是始终是贯穿我们党的全部实践、全部理论的一条基本线索，是我们党始终坚定不移贯彻执行的思想路线。

东汉班固编撰的《汉书·河间献王传》中最早提到过"实事求是"："修学好古，实事求是。从民得善书，必为好写与之，留其真。"意思是说，研究学问，追求事物的原理，必须掌握充分的事实根据，用事实说话，然后再从事实中找出真实的结论。马克思、恩格斯虽然没有直接用过"实事求是"这个词，但他们创立的辩证唯物主义和历史唯物主义，

---

[1] 习近平：《在纪念马克思诞辰 200 周年大会上的讲话》，《人民日报》2018 年 5 月 5 日。

突出强调的就是实事求是。实事求是，是毛泽东用中国成语对辩证唯物主义和历史唯物主义世界观和方法论所作的高度概括。毛泽东在《改造我们的学习》一文中深刻阐释了实事求是的内涵："'实事'就是客观存在着的一切事物，'是'就是客观事物的内部联系，即规律性，'求'就是我们去研究。我们要从国内外、省内外、县内外、区内外的实际情况出发，从其中引出其固有的而不是臆造的规律性，即找出周围事变的内部联系，作为我们行动的向导。"〔1〕

实事求是，就是坚持一切从实际出发，理论联系实际，在实践中检验真理和发展真理。习近平总书记在纪念毛泽东同志诞辰 120 周年座谈会上的讲话中指出："实事求是，是马克思主义的根本观点，是中国共产党人认识世界、改造世界的根本要求，是我们党的基本思想方法、工作方法、领导方法。不论过去、现在和将来，我们都要坚持一切从实际出发，理论联系实际，在实践中检验真理和发展真理。"〔2〕

坚持实事求是，最基础的工作在于搞清楚"实事"，就是了解实际、掌握实情，做到一切从实际出发，这是我们进行一切科学决策唯一可靠的前提和基础。当代中国发展已步入新的历史方位，我国社会主要矛盾已发生深刻变化，但是我国仍处于并将长期处于社会主义初级阶段的基本国情没有变，我国是世界上最大发展中国家的国际地位没有变。这就要求我们既要保持战略定力，立足"不变"，不忘初

---

〔1〕毛泽东：《改造我们的学习》，《毛泽东选集》第三卷，人民出版社 1991 年版，第 801 页。
〔2〕习近平：《在纪念毛泽东同志诞辰 120 周年座谈会上的讲话》，《人民日报》2013 年 12 月 27 日。

心、牢记使命，又要准确把握我国社会发展的阶段性特征，做到因时而变，随事而制，顺应"变"，引领"变"，围绕主要矛盾布局全局工作。

坚持实事求是，关键在于"求是"，就要坚持理论与实际相结合，不断推进实践创新基础上的理论创新，不断探求和掌握事物发展规律。实践出真知，要把握规律，就要勇于实践、善于实践，在实践中积累经验，进行理论升华，再用以指导实践、推动实践，在实践中使认识得到检验、修正、丰富和发展，从实践到认识再到实践是我们把握客观规律的根本方法。实践创新永无止境，理论创新永无止境。这就要求我们必须坚持将马克思主义基本原理与中国具体实际相结合，不断开辟马克思主义中国化新境界。毛泽东指出："马克思主义的'本本'是要学习的，但是必须同我国的实际情况结合。我们需要'本本'，但是一定要纠正脱离实际情况的本本主义。"〔1〕

实事求是是我们党的基本思想方法、工作方法和领导方法，是党团结带领人民群众推动中国革命、建设和改革事业不断取得胜利的重要法宝。邓小平指出，过去我们搞革命所取得的一切胜利，是靠实事求是；现在我们要实现四个现代化，同样要靠实事求是。回顾党和国家的发展历程，我们可以看到：坚持实事求是，就能兴党兴国；违背实事求是，就会误党误国。

---

〔1〕毛泽东：《反对本本主义》，《毛泽东选集》第一卷，人民出版社1991年版，第111—112页。

（三）解决好"桥"和"船"的问题

法国著名寓言作家拉封丹讲过这样一则寓言：有一天，北风和南风比赛，看谁能把一个路人的大衣吹掉。北风呼呼猛刮，行路人紧紧裹住大衣，北风无奈于他。南风徐徐吹动，温暖和煦，行路人解开衣扣，脱衣而行，南风获胜。这个寓言告诉了我们方法的重要性。要解决问题，必须有正确方法的指导。毛泽东也曾经形象地作过一个比喻："我们不但要提出任务，而且要解决完成任务的方法问题。我们的任务是过河，但是没有桥或没有船就不能过。不解决桥或船的问题，过河就是一句空话。不解决方法问题，任务也只是瞎说一顿。"[1] 要解决"过河"的问题，必须有"桥"和"船"，必须有科学思维方法的指导。马克思主义唯物辩证法的基本方法论便是我们解决"桥"和"船"问题的科学方法。

1. 辩证思维与统筹兼顾

辩证思维方法就是承认矛盾、分析矛盾、解决矛盾，善于抓住关键、找准重点、洞察事物发展规律的方法。辩证思维方法要求我们在具体的工作中坚持全面辩证地分析问题、解决问题，避免片面、静止、孤立地分析问题、解决问题。我们观察形势、分析事物、制定政策、解决问题，都要坚持辩证思维方法，坚持两点论与重点论的统一，不断提升

---

[1] 毛泽东：《关心群众生活，注意工作方法》，《毛泽东选集》第一卷，人民出版社1991年版，第139页。

统筹兼顾的能力。要处理好中心工作与其他工作的关系，要处理好全局与局部的关系，要处理好当前和长远的关系。

2. 历史思维与历史眼光

历史思维方法是知古鉴今、古为今用，善于用历史的眼光认识发展规律、把握发展方向的指导现实实践的方法。古人云："以铜为镜，可以正衣冠；以史为镜，可以知兴替。"历史是最好的老师，是过去的实践，历史的经验我们要借鉴，历史的教训我们要吸取。历史思维方法要求我们必须树立历史眼光，慎思之，明辨之，站在历史规律的高度去吸取和借鉴世界文明尤其是中华文明中宝贵的历史教训和经验，提升治国理政的智慧和学养，这样才能不断深化对人类社会发展规律、社会主义建设规律和共产党执政规律的认识。

3. 战略思维和总揽全局

战略思维方法是总揽全局、运筹帷幄，对事物发展的趋势和方向总体把握的方法。战略问题是一个政党、一个国家根本性的问题。"不谋全局者，不足谋一域"，战略思维本质上就是全局思维，其核心就是正确处理全局和局部、长远与当前的关系，这就要求我们既要"全局在胸"，也要抓住重点，统筹兼顾，这样才能总揽全局，作出综合决策，下好改革开放这盘棋。

4. 创新思维和开拓进取

创新思维方法是善于把握事物发展的客观规律，根据事物发展的必然趋势来推动思维创新、方法创新、实践创新和制度创新的方法。创新是事物通过不断自我否定实现自我突破的不竭动力。历史和现实都昭示我们，只有创新型国家才能实现繁荣富强，只有创新型民族才能兴旺发达，只有创新型政党才能永葆先进性。创新思维方法要求我们必须坚持解放思想，勇于开拓进取、打破常规。"苟日新，日日新，又日新"，因循守旧、故步自封必然落后挨打，锐意进取、大胆探索才能创造辉煌，改革开放 40 多年来的巨大成就已然验证了这一点。

5. 底线思维和防范风险

底线思维方法是客观地设定最低目标，立足最低点，争取最大期望值的方法。习近平总书记多次强调，要善于运用底线思维方法，凡事从坏处准备，努力争取最好的结果，做到有备无患、遇事不慌，牢牢把握主动权。底线思维方法要求我们既要树立忧患意识和风险意识，科学预见形势发展的走势和隐藏其中的风险挑战，做到未雨绸缪，也要敢于担当、敢于斗争，大胆从容、审时度势、抓住机遇，实现创新发展。

二、实现富起来的创新理论

问题是时代的声音，思想是对时代问题的回应。马克思在《集权问题》一文中指出："问题却是公开的、无所顾忌的、支配一切个人的时代之声。问题是时代的格言，是表现时代自己内心状态的最实际的呼声。"[1]每一个时代都有属于它自己的问题，只要科学地认识、准确地把握、正确地解决这些问题，就能够将我们的社会不断推向前进。

伟大的思想必然是对时代问题的积极回应，而回应时代问题的关键在于能否准确把握问题的实质。习近平总书记多次指出，面对新的时代特点和实践要求，马克思主义也面临着进一步中国化、时代化、大众化的问题，"必须坚持马克思主义指导地位，不断推进实践基础上的理论创新。改革开放40多年的实践启示我们：创新是改革开放的生命。实践发展永无止境，解放思想永无止境。恩格斯说：'一切社会变迁和政治变革的终极原因，不应当到人们的头脑中，到人们对永恒的真理和正义的日益增进的认识中去寻找，而应当到生产方式和交换方式的变更中去寻找'。我们坚持理论联系实际，及时回答时代之问、人民之问，廓清困扰和束缚实践发展的思想迷雾，不断推进马克思主义中国化时代化大众化，不断开辟马克思主义发展新境界"[2]。

在革命时期，针对民族独立和人民解放这一时代课题，以毛泽东同志为主要代表的中国共产党人通过将马克思主义基本原理同中国革命的具体实践相结合，创立了毛泽东思想，解决了革命的主体、动力、

---

[1] 马克思：《集权问题》，《马克思恩格斯全集》第一卷，人民出版社1995年版，第203页。
[2] 习近平：《在庆祝改革开放40周年大会上的讲话》，《人民日报》2018年12月19日。

对象、道路等一系列问题，团结带领全党全国各族人民，经过长期浴血奋战，完成了新民主主义革命，建立了中华人民共和国，确立了社会主义基本制度，成功实现了中国历史上最深刻、最伟大的社会变革，为当代中国一切发展奠定了根本政治前提和制度基础。在社会主义道路探索过程中，虽然我们经历了严重曲折，但党在社会主义革命和建设中取得的独创性理论成果和巨大成就，为在新的历史时期开创中国特色社会主义提供了宝贵经验、理论准备、物质基础；改革开放以来，中国共产党人把马克思主义基本原理同中国改革开放的具体实践结合起来，针对"什么是社会主义、怎样建设社会主义""建设一个什么样的党、怎样建设党""实现什么样的发展、怎样发展"等一系列重大时代课题，创立了中国特色社会主义理论体系，形成了邓小平理论、"三个代表"重要思想以及科学发展观等一系列重大战略思想，开辟了马克思主义在中国发展的新境界，实现了中华民族从站起来到富起来的伟大飞跃。

（一）什么是社会主义、怎样建设社会主义

习近平总书记在庆祝改革开放40周年大会上的讲话中指出："党的十一届三中全会以后，以邓小平同志为主要代表的中国共产党人，团结带领全党全国各族人民，深刻总结我国社会主义建设正反两方面经验，借鉴世界社会主义历史经验，创立了邓小平理论，作出把党和国家工作中心转移到经济建设上来、实行改革开放的历史性决策，深刻揭示社会

主义本质，确立社会主义初级阶段基本路线，明确提出走自己的路、建设中国特色社会主义，科学回答了建设中国特色社会主义的一系列基本问题，制定了到 21 世纪中叶分三步走、基本实现社会主义现代化的发展战略，成功开创了中国特色社会主义。"[1]邓小平理论贯穿解放思想、实事求是的思想路线，紧紧围绕着"什么是社会主义、怎样建设社会主义"这一重要时代课题，第一次比较系统地初步回答了建设中国特色社会主义的一系列基本问题。

邓小平指出，贫穷不是社会主义，平均主义不是社会主义，发展太慢不是社会主义，社会主义的本质就是要解放生产力，发展生产力，消灭剥削，消除两极分化，最终达到共同富裕。这一科学的定义本身便涉及社会主义的两个核心价值原则：一是必须坚持解放和发展生产力，这是前提、基础和根本任务；二是必须实现共同富裕，这是方向、目标和归宿。

要发展生产力，首先要解放生产力，解决社会主义社会发展的动力问题。邓小平指出："要发展生产力，经济体制改革是必由之路。"[2]改革是社会主义社会发展的直接动力，必须通过改革从根本上改变束缚生产力发展的经济体制，确立起社会主义市场经济体制。"计划经济不等于社会主义，资本主义也有计划；市场经济不等于资本主义，社会主义

---

〔1〕习近平：《在庆祝改革开放 40 周年大会上的讲话》，《人民日报》2018 年 12 月 19 日。
〔2〕邓小平：《改革是中国发展生产力的必由之路》，《邓小平文选》第三卷，人民出版社 1993 年版，第 138 页。

也有市场。"[1]社会主义市场经济体制的确立，极大地激发了社会活力和创造力，解放和发展了生产力。

实行对外开放。邓小平指出："对外开放具有重要意义，任何一个国家要发展，孤立起来，闭关自守是不可能的，不加强国际交往，不引进发达国家的先进经验、先进科学技术和资金，是不可能的。"[2]从设立深圳、珠海、汕头、厦门4个经济特区，到开放大连、秦皇岛、天津、烟台、青岛、连云港、南通、上海、宁波、温州、福州、广州、湛江、北海14个沿海港口城市，从在长江三角洲、珠江三角洲、闽东南地区和环渤海地区开辟经济开放区到开发、开放上海浦东，用10年左右的时间我国便初步形成了"经济特区—沿海开放城市—沿海经济开放区—内地"这样一个多层次、有重点、点面结合的对外开放格局，有力地推动了改革开放和社会主义现代化建设。

（二）建设什么样的党、怎样建设党

20世纪80年代末90年代初，国际形势风云变幻，东欧剧变、苏联解体，世界社会主义运动遭受重大挫折。苏联解体为我们敲响了警钟，更为严峻的问题是，苏联解体导致国际格局深刻调整，中国共产党所面对的国际风险和压力越发凸显。同时，随着改革开放的深入发展，中

---

[1] 邓小平：《在武昌、深圳、珠海、上海等地的谈话要点》，《邓小平文选》第三卷，人民出版社1993年版，第373页。

[2] 邓小平：《政治上发展民主，经济上发展改革》，《邓小平文选》第三卷，人民出版社1993年版，第117页。

国共产党所肩负的历史任务及自身状况也发生了重大变化，对中国共产党执政能力和水平等方面提出了更高的要求。因此，"建设什么样的党、怎样建设党"便成为以江泽民同志为主要代表的中国共产党人所面临的重大时代课题。而"三个代表"重要思想所回应的正是这一重大时代课题。

习近平总书记在庆祝改革开放 40 周年大会上的讲话中指出："党的十三届四中全会以后，以江泽民同志为主要代表的中国共产党人，团结带领全党全国各族人民，坚持党的基本理论、基本路线，加深了对什么是社会主义、怎样建设社会主义和建设什么样的党、怎样建设党的认识，积累了治党治国新的宝贵经验，形成了'三个代表'重要思想。"〔1〕贯彻"三个代表"重要思想，关键在坚持与时俱进，核心在保持党的先进性，本质在坚持执政为民。

1. 始终代表中国先进生产力的发展要求

代表先进生产力的发展要求是中国共产党保持先进性的根本体现和要求。这就要求我们要坚定不移地推进改革，促进生产力的发展，要充分提高广大人民群众的劳动技能和创造才能，充分发挥人民群众在改革开放中的积极性、主动性、创造性，要加强人才资源能力建设、大力推进科技创新发展，等等。

---

〔1〕习近平：《在庆祝改革开放 40 周年大会上的讲话》，《人民日报》2018 年 12 月 19 日。

2. 始终代表中国先进文化的前进方向

必须牢牢把握先进文化的前进方向，大力发展社会主义先进文化。发展社会主义先进文化，就要加快推进社会主义精神文明建设，不断满足人民群众日益增长的精神文化需要，就要发展面向现代化、面向世界、面向未来的民族的科学的大众的社会主义文化。

3. 始终代表中国最广大人民的根本利益

中国共产党来自人民、植根人民，能否始终代表最广大人民的根本利益是中国共产党面临的最根本的课题。江泽民指出："人心向背，是决定一个政党、一个政权兴亡的根本性因素。"[1]一切为了群众，一切相信群众，一切依靠群众，我们党就能获得取之不尽的力量源泉。

（三）实现什么样的发展、怎样发展

2002 年，一场突如其来的疫情在亚洲肆虐，这场没有硝烟的战争考验着刚刚跨过千禧之年的中国人民。"非典是个转折点，它让大家知道，仅仅抓经济发展是不够的，一场公共卫生危机，可以让经济发展成果化为乌有。"2018 年 11 月末，在北京大学朗润园，著名医改专家李玲说道，在非典发生时，我国是"一条腿长一条腿短"，经济建设做得很好，但是社会建设滞后；但非典以后，"医改、教改，整个社会建设都

---

[1] 江泽民：《推动党风廉政建设和反腐败斗争深入开展》，《江泽民文选》第三卷，人民出版社 2006 年版，第 185 页。

跟上来了，非典是一场灾难，但人类社会的进步都是灾难推动的，它确实给中国社会带来转机"[1]。非典疫情中问题的凸显可以理解为当时社会发展问题的一个缩影。"实现什么样的发展、怎样发展"成了当时中国共产党人必须面对的时代课题。

胡锦涛在全面总结抗击非典斗争经验时明确指出："树立和落实全面发展、协调发展、可持续发展的科学发展观，对于我们更好坚持发展才是硬道理的战略思想具有重大意义。树立和落实科学发展观，这是二十多年改革开放实践的经验总结，是战胜非典疫情给我们的重要启示，也是推进全面建设小康社会的迫切要求。"[2]

科学发展观，第一要义是发展，要加快转变经济发展方式，善于抓住和用好战略机遇期；核心是以人为本，必须坚持发展为了人民、发展依靠人民、发展成果由人民共享，始终将最广大人民的根本利益作为党和国家各项事业的出发点和落脚点；基本要求是全面协调可持续，要不断完善社会主义事业发展总体布局，保证各领域协调推进，走生产发展、生活富裕、生态良好的文明发展道路；根本方法是统筹兼顾，必须统筹好城乡发展、区域发展、经济社会发展、人与自然和谐发展、国内发展和对外开放；等等。

正是在科学发展观的科学指引下，以胡锦涛同志为主要代表的中国

---

〔1〕黄小星：《后非典时期，反思与变革》，《钱江晚报》2018 年 12 月 18 日。
〔2〕胡锦涛：《树立和落实科学发展观》，《胡锦涛文选》第二卷，人民出版社 2016 年版，第 104 页。

共产党人始终坚持以人为本、全面协调可持续发展，在全面建设小康社会进程中不断推进实践创新、理论创新、制度创新，形成了中国特色社会主义事业总体布局；着力保障和改善民生，促进社会公平正义，推动建设和谐社会，推进党的执政能力建设和先进性建设，成功地在新的历史起点上坚持和发展了中国特色社会主义。

三、引领强起来的行动指南

党的十八大以来，以习近平同志为核心的党中央，坚持和运用辩证唯物主义和历史唯物主义，紧密结合新的时代条件和实践要求，从理论和实践相结合的层面积极回应了新时代所面临的"坚持和发展什么样的中国特色社会主义、怎样坚持和发展中国特色社会主义"这一重大现实课题，形成了习近平新时代中国特色社会主义思想，开辟了当代中国马克思主义发展新境界，为实现中华民族伟大复兴提供了思想指引和行动指南。习近平新时代中国特色社会主义思想是新时代的精神旗帜，是引领中华民族强起来的行动指南。

（一）集中体现了马克思主义的基本立场、观点、方法

习近平新时代中国特色社会主义思想是对马克思列宁主义、毛泽东思想、邓小平理论、"三个代表"重要思想和科学发展观的继承和发展，辩证唯物主义和历史唯物主义是其形成确立的坚实理论基础。运用辩证

的唯物论，坚持一切从实际出发，聆听时代声音，把握时代脉搏，厘定了中国特色社会主义步入新时代的根本标志和根本目标，科学总结了改革开放和社会主义现代化建设的实践经验，提出了新时代所面临的重大课题是"坚持和发展什么样的中国特色社会主义、怎样坚持和发展中国特色社会主义"；运用唯物的辩证法，坚持用全面发展的眼光看问题，强调树立战略思维、辩证思维、历史思维、创新思维、开放思维，既部署"过河"问题，提出了以"五位一体"总体布局、"四个全面"战略布局为核心的顶层设计，又指导解决"桥或船"的问题，提出了新时代坚持和发展中国特色社会主义的基本方略；运用辩证唯物主义认识论，坚持理论和实践相统一，强调真理原则与价值原则相结合，从理论和实践结合上系统回应了时代重大课题，提供了引领新时代中国特色社会主义发展的思想指引和行动纲领；运用唯物史观，坚持运用社会基本矛盾分析方法探索新时代中国特色社会主义的建设规律，坚持群众史观，提出将以人民为中心的发展理念贯穿党和国家各项工作之中，不断促进人的全面发展、全体人民共同富裕。

（二）逻辑严密、有机统一的科学体系

党的十八大以来，以习近平同志为核心的党中央立足历史新方位，改革新实践，紧紧围绕新时代"坚持和发展什么样的中国特色社会主义、怎样坚持和发展中国特色社会主义"这一重大时代课题，举旗定向，谋篇布局，明确宣示了"举什么旗、走什么路、以什么样的精神状

态、担负什么样的历史使命、实现什么样的奋斗目标"，全面系统地回答了新时代中国特色社会主义发展的总目标、总任务、总体布局、战略布局和发展方向、发展方式、发展动力、战略步骤、外部条件、政治保证等一系列关键问题，从全局高度为实现中华民族伟大复兴这一历史使命提供了顶层设计和价值导向，从战略高度为实现中华民族伟大复兴提供了战略步骤和实现路径。

（三）坚持问题导向，把握时代脉搏，积极回应了新时代"坚持和发展什么样的中国特色社会主义、怎样坚持和发展中国特色社会主义"这一重大时代课题

问题是时代的声音，是实践的起点。"不审天下之势，难应天下之务。"把握时代的声音，就是善于在实践中发现问题。党的十八大以来的五年是极不平凡的五年，面对世界经济复苏乏力、局部冲突和动荡频发、全球性问题加剧的外部环境，面对我国经济发展进入新常态等一系列深刻变化，我们一往无前，锐意进取，在"四个伟大"实践中取得了改革开放和社会主义现代化建设的历史性成就。但我们也要清醒地看到，我们依然面临不少困难和挑战：发展不平衡不充分的一些突出问题尚未解决，民生领域还有不少短板，社会矛盾问题交织叠加，意识形态领域斗争依然复杂，党的建设方面还存在不少薄弱环节，等等。党的十八大以来，国内外形势的新变化和我国各项事业的新发展给我们提出了一个重大时代课题，即必须从理论和实践的结合上系统地回应新时代

坚持和发展什么样的中国特色社会主义、怎样坚持和发展中国特色社会主义。

（四）科学预见了新时代中国特色社会主义的发展脉络和基本走向，是新时代的行动纲领

实践创新永无止境，理论创新永无止境。习近平总书记明确指出，要敢于和善于分析、回答现实生活中和群众思想上迫切需要解决的问题，不断深化改革开放，不断有所发现、有所创造、有所前进，不断推进理论创新、实践创新、制度创新。习近平新时代中国特色社会主义思想是对改革新实践的高度凝练和深刻总结，是在进一步回答"什么是社会主义、怎样建设社会主义""建设一个什么样的党、怎样建设党""实现什么样的发展、怎样发展"等基本问题的基础之上，积极回应"坚持和发展什么样的中国特色社会主义、怎样坚持和发展中国特色社会主义"这一重大时代课题所形成的又一重大理论创新成果；是对马克思主义理论谱系的创新性发展；是对中华民族优秀传统文化、红色文化、社会主义先进文化的创新性发展，开辟了马克思主义新境界，开辟了中国特色社会主义新境界，开辟了治国理政新境界，为建设新时代中国特色社会主义提供了科学的思想指引和行动指南。

党的十九大报告指出："这个新时代，是承前启后、继往开来、在新的历史条件下继续夺取中国特色社会主义伟大胜利的时代，是决胜全面建成小康社会、进而全面建设社会主义现代化强国的时代，是全国各

族人民团结奋斗、不断创造美好生活、逐步实现全体人民共同富裕的时代，是全体中华儿女勠力同心、奋力实现中华民族伟大复兴中国梦的时代，是我国日益走近世界舞台中央、不断为人类作出更大贡献的时代。"新时代需要新思想来引领，习近平新时代中国特色社会主义思想明确提出了党和国家各项工作发展的任务和目标，系统规划了通向目标的发展动力和战略步骤，科学预见了新时代中国特色社会主义的发展脉络和基本走向。

（五）坚持把以人民为中心作为贯穿始终的核心价值理念，坚持把人民对美好生活的向往作为奋斗目标

党的十九大报告指出："坚持以人民为中心。人民是历史的创造者，是决定党和国家前途命运的根本力量。必须坚持人民主体地位，坚持立党为公、执政为民，践行全心全意为人民服务的根本宗旨，把党的群众路线贯彻到治国理政全部活动之中，把人民对美好生活的向往作为奋斗目标，依靠人民创造历史伟业。"中国共产党人的初心和使命是紧密结合在一起的，实现中华民族伟大复兴的神圣使命在本质上就体现着中华民族和中国人民的整体利益。将人民群众的根本利益与实现中华民族伟大复兴的神圣使命紧密结合，既是我们党全心全意为人民服务这一根本宗旨的与时俱进，更是习近平新时代中国特色社会主义思想坚持以人民为中心的价值彰显。习近平新时代中国特色社会主义思想突出强调了要把人民对美好生活的向往作为新时代的奋斗目标，明确了新时代我国社

会主要矛盾已经转化为人民日益增长的美好生活需要和不平衡不充分的发展之间的矛盾，提出必须坚持以人民为中心的发展思想，不断促进人的全面发展、全体人民共同富裕。

实现人的全面发展和全体人民共同富裕是新时代中国共产党人践行宗旨的价值指向，习近平总书记在党的十九大报告中所提出的"十四个坚持"则是新时代实现人的全面发展和全体人民共同富裕的根本行动纲领。第一，"坚持党对一切工作的领导。党政军民学，东西南北中，党是领导一切的"。第二，"坚持以人民为中心。人民是历史的创造者，是决定党和国家前途命运的根本力量"。第三，"坚持全面深化改革。只有社会主义才能救中国，只有改革开放才能发展中国、发展社会主义、发展马克思主义"。第四，"坚持新发展理念。发展是解决我国一切问题的基础和关键，发展必须是科学发展，必须坚定不移贯彻创新、协调、绿色、开放、共享的发展理念"。第五，"坚持人民当家作主。坚持党的领导、人民当家作主、依法治国有机统一是社会主义政治发展的必然要求"。第六，"坚持全面依法治国。全面依法治国是中国特色社会主义的本质要求和重要保障"。第七，"坚持社会主义核心价值体系。文化自信是一个国家、一个民族发展中更基本、更深沉、更持久的力量"。第八，"坚持在发展中保障和改善民生。增进民生福祉是发展的根本目的"。第九，"坚持人与自然和谐共生。建设生态文明是中华民族永续发展的千年大计"。第十，"坚持总体国家安全观。统筹发展和安全，增强忧患意识，做到居安思危，是我们党治国理政的一个重大原则"。第十一，"坚持党对人民军队的绝对领导。建设一支听党指挥、能打胜仗、作风优良的人民军队，是实现'两个一百年'奋斗目标、实现中华民族伟大复兴的战略支撑"。第十二，"坚持'一国两制'和推进祖国统一。保持香港、澳门长期繁荣稳定，实现祖国完全统一，是实现中华民族伟大复兴的必然要求"。第十三，"坚持推动构建人类命运共同体。中国人民的梦想同各国人民的梦想息息相通，实现中国梦离不开和平的国际环境和稳定的国际秩序"。第十四，"坚持全面从严治党。勇于自我革命，从严管党治党，是我们党最鲜明的品格"。

世界每时每刻都发生着变化，中国每时每刻也在发生着变化。因此，我们必须在理论上跟上时代，在实践创新和理论创新的良性互动中不断推进马克思主义中国化，用发展着的马克思主义指导新的实践。正如习近平总书记在党的十九大报告中所指出的："时代是思想之母，实践是理论之源。只要我们善于聆听时代声音，勇于坚持真理、修正错误，二十一世纪中国的马克思主义一定能够展现出更强大、更有说服力的真理力量！"

第二章

理想信仰：激励前进的力量

要坚持不懈加强理论武装，坚定理想信念，牢记党的性质宗旨，强化党性修养，切实解决一些党员、干部理想信念缺失、宗旨意识淡化等问题，不断增强全党同志党的意识、党员意识。

——习近平在十九届中央政治局第十五次集体学习时的讲话（2019年6月24日）

　　理想信仰犹如人生道路上的灯塔，能够使人们透过层层阴霾而不迷失方向，克服重重苦难而不放弃希望。在艰苦的革命战争年代，夏明翰就义前写下了："砍头不要紧，只要主义真。杀了夏明翰，还有后来人。"方志敏面对敌人死亡的威胁写下了："敌人只能砍下我们的头颅，决不能动摇我们的信仰！因为我们信仰的主义，乃是宇宙的真理！为着共产主义牺牲，为着苏维埃流血，那是我们十分情愿的啊！"曾天宇面对敌人的团团包围，一边高呼"共产主义万岁！""苏维埃政府万岁！""中国共产党万岁！"一边从容地将仅剩的最后一颗子弹对准了自己的太阳穴……

　　"生的伟大，死的光荣"，这是毛泽东对刘胡兰英勇事迹作出的高度评价，同时也可以看作对那些无论是在革命年代还是在和平年代，为了伟大的理想信仰抛头颅、洒热血的民族英雄的高度赞颂，他们都是中华民族的脊梁！正是在崇高的理想信仰鼓舞下，中国共产党由小到大、由弱到强，攻坚克难、开拓进取，取得了一个又一个辉煌成就。正如习近平总书记所指出的："革命理想高于天。中国共产党之所以叫共产党，就是因为从成立之日起我们党就把共产主义确立为远大理想。我们党之所以能够经受一次次挫折而又一次次奋起，归根到底是因为我们党有远大理想和崇高追求。"〔1〕

2012年11月17日，习近平总书记在第十八届中共中央政治局第一次集体学习时强调："坚定理想信念，坚守共产党人精神追求，始终是共产党人安身立命的根本。对马克思主义的信仰，对社会主义和共产主义的信念，是共产党人的政治灵魂，是共产党人经受住任何考验的精神支柱。"〔2〕2016年7月1日，习近平总书记在庆祝中国共产党成立95周年大会上的讲话中指出："坚持不忘初心、继续前进，就要牢记我们党从成立起就把为共产主义、社会主义而奋斗确定为自己的纲领，坚定共产主义远大理想和中国特色社会主义共同理想，不断把为崇高理想奋斗的伟大实践推向前进。"〔3〕

一、理想信念是中国共产党人的精神之"钙"

王守仁在《教条示龙场诸生》中有这样一句话，"志不立，如无舵之舟，无衔之马，漂荡奔逸，终亦何所底乎？"意思是说志向没有立定，就像没有掌舵的船，随水漂流，就像没有嚼子的马，任意奔驰，最后到哪里才算了结呢？苏轼在《晁错论》里也讲道："古之立大事者，

〔1〕习近平:《在庆祝中国共产党成立95周年大会上的讲话》,《人民日报》2016年7月2日。
〔2〕习近平:《紧紧围绕坚持和发展中国特色社会主义 学习宣传贯彻党的十八大精神》,《人民日报》2012年11月19日。
〔3〕习近平:《在庆祝中国共产党成立95周年大会上的讲话》,《人民日报》2016年7月2日。

031

不惟有超世之才，亦必有坚忍不拔之志。昔禹之治水，凿龙门，决大河而放之海。方其功之未成也，盖亦有溃冒冲突可畏之患，惟能前知其当然，事至不惧，而徐为之图，是以得至于成功。"有志者，事竟成。所谓志，便是坚定的理想信念，便是"心之力"也。

习近平总书记指出："'志不立，天下无可成之事。'理想信念动摇是最危险的动摇，理想信念滑坡是最危险的滑坡。一个政党的衰落，往往从理想信念的丧失或缺失开始。我们党是否坚强有力，既要看全党在理想信念上是否坚定不移，更要看每一位党员在理想信念上是否坚定不移。95 年来，共产主义远大理想激励了一代又一代共产党人英勇奋斗，成千上万的烈士为了这个理想献出了宝贵生命。'砍头不要紧，只要主义真'，'敌人只能砍下我们的头颅，决不能动摇我们的信仰'，这些视死如归、大义凛然的誓言生动表达了共产党人对远大理想的坚贞。理想之光不灭，信念之光不灭。我们一定要铭记烈士们的遗愿，永志不忘他们为之流血牺牲的伟大理想。"[1]

（一）坚定理想信念是中国共产党人牢牢把握奋斗目标和前进方向的精神支柱

习近平总书记曾经用生动的比喻来强调理想信念对于共产党员的重要性，即理想信念是共产党人的精神之"钙"，"坚定理想信念，坚守共产党人精神追求，始终是共产党人安身立命的根本。对马克思主义

---

[1] 习近平：《在庆祝中国共产党成立 95 周年大会上的讲话》，《人民日报》2016 年 7 月 2 日。

的信仰，对社会主义和共产主义的信念，是共产党人的政治灵魂，是共产党人经受住任何考验的精神支柱。形象地说，理想信念就是共产党人精神上的'钙'，没有理想信念，理想信念不坚定，精神上就会'缺钙'，就会得'软骨病'。现实生活中，一些党员、干部出这样那样的问题，说到底是信仰迷茫、精神迷失"[1]。只有补足精神之"钙"，才能"强筋壮骨"，炼就"金刚不坏之身"。

理想信念是指引共产党员思想行为的"总开关"。"总开关"一旦松动，就会信念流失、意志退化、迷失方向。2014 年 10 月 8 日，习近平总书记在党的群众路线教育实践活动总结大会上的讲话中指出："对党员、干部来说，思想上的滑坡是最严重的病变，'总开关'没拧紧，不能正确处理公私关系，缺乏正确的是非观、义利观、权力观、事业观，各种出轨越界、跑冒滴漏就在所难免了。"[2]本固则邦宁，没有坚定的信仰，没有坚定的信念，没有坚定的忠诚，就不会形成强大的免疫力和抵抗力。

在革命时期，一些共产党员革命意志薄弱，缺乏坚定的理想信念和崇高的精神追求，贪生怕死、爱慕虚荣，必然经不起敌人的威逼利诱，经不起残酷的斗争考验；在建设和改革时期，一些共产党员把革命与建设割裂开来，肤浅地认为"现在的革命任务已经完成，同志无须再努力"，躺在过去的功劳簿上睡大觉；还有的党员干部利欲熏心，理想信

---

〔1〕习近平：《紧紧围绕坚持和发展中国特色社会主义 学习宣传贯彻党的十八大精神》，《人民日报》2012 年 11 月 19 日。
〔2〕习近平：《在党的群众路线教育实践活动总结大会上的讲话》，《人民日报》2014 年 10 月 9 日。

念步步退缩，信奉所谓"理想理想，有利就想；前途前途，有钱就图"的拜金主义和个人享乐主义价值观。在这种错误价值观的指引下，一些人贪图享乐，只讲索取不谈奉献；有的党员干部务虚头头是道，工作敷衍搪塞；有的党员干部台上正襟危坐、一本正经，台下徇私舞弊、贪赃枉法；有的党员干部白天规规矩矩，晚上灯红酒绿、纸醉金迷。在一些党员干部眼里，政治信仰是虚无缥缈的，理想信念是说给别人听的，只有权力和金钱才是实实在在的。这就是习近平总书记多次谈到的口是心非的"两面人"。

2017 年，一部名叫"人民的名义"的反腐电视剧火了，剧中刻画的腐败官员中有一个"小官巨贪"的角色非常生动形象，这个贪官贪了两亿多元却每天只吃炸酱面，骑自行车上下班。在人赃俱获的时候，他声泪俱下地讲述了他对金钱的认知："我看着这些钱，就跟小时候在地里头看着要丰收的庄稼一样……我喜欢闻那个味道，看着它们我的心里才能踏实。"剧中这个贪官在现实中是有人物原型的，被查后，工作人员在他家中发现数以亿计的赃款，清点时 16 台点钞机烧坏了 4 台。可是平时的他却很是"低调"，穿着朴素，常骑自行车上下班。明明是"贪"的里子，偏要戴上"廉"的面具，"两面人"的戏段，终究是丑剧。

"两面人"现象出现的原因便是一些共产党员理想信念缺失，世界观、人生观、价值观的"总开关"出了问题。2016 年 1 月 12 日，习近平总书记在第十八届中央纪律检查委员会第六次全体会议上指出："'身之主宰便是心'；'不能胜寸心，安能胜苍穹'。'本'在人心，内心净化、志向高远便力量无穷。对共产党人来讲，动摇了信仰，背离了党性，丢掉了宗旨，就可能在'围猎'中被人捕获。只有在立根固本上下功夫，才能防止歪风邪气近身附体。"〔1〕正所谓"心正而后身修，身修而后家齐，家齐而后国治，国治而后天下平"。不能端正自我、正心诚意，何来建功立业、兴利捍患？

党的十八大以来，习近平总书记多次向"两面人"亮剑："这种口是心非的'两面人'，对党和人民事业危害很大，必须及时把他们辨别出来、清除出去。"〔2〕《中国共产党章程》明确规定："反对阳奉阴违的两面派行为和一切阴谋诡计。"表里如一、言行一致，是我们党对党员干部的一贯要求。为此，要坚决反对和纠正当面不说、背后乱说，会上不说、会后乱说，当面一套、背后一套等错误言行。如果党员干部，尤其是领导干部充当"两面人"，党和群众是决不会答应的。

（二）坚定理想信念是激励我们朝着既定目标奋斗进取的不竭动力

古今中外一些革命家、科学家之所以能在艰难困苦的环境中克服困难，取得成功，一个重要原因就是他们具有崇高理想信念的动力支撑。2012年11月27日，《人民日报》发表了解放军报社评论部伍正华撰写的评论《信仰的味道》，引起了中央领导的高度重视和社会各界的热烈

---

〔1〕习近平：《在第十八届中央纪律检查委员会第六次全体会议上的讲话》，《人民日报》2016年5月3日。
〔2〕习近平：《在第十八届中央纪律检查委员会第六次全体会议上的讲话》，《人民日报》2016年5月3日。

讨论。文章讲述了这样一个动人的故事：1920 年的春夜，浙江义乌分水塘村一间久未修葺的柴屋里，两条长凳架起一块木板，既是床铺，又是书桌。桌前，有一个人正在奋笔疾书。母亲在屋外喊："红糖够不够，要不要我再给你添些？"儿子应声答道："够甜，够甜的了！"谁知，当母亲进来收拾碗筷时，却发现儿子的嘴里满是墨汁，红糖却一点儿也没动。原来，儿子竟然是蘸着墨汁吃掉粽子的！他叫陈望道，他翻译的册子叫《共产党宣言》。墨汁为什么那样甜？原来，信仰也是有味道的，甚至比红糖更甜。正因为这种不可言喻的精神之甘、信仰之甜，无数的革命先辈才情愿吃百般苦、甘心受千般难。

时代在变，人在变，但初心始终不变。90 多年过去了，嘉兴南湖的红船依旧，而党的实力、中国的面貌早已发生了巨大变化。若论今昔生活对比，相信许多党员同志都会由衷地说："够甜，够甜的了！"然而越是在日子够甜的时候，每一名共产党员越要保持纯洁性和先进性，越要深味服务人民的精神之甘、复兴民族的信仰之甘。墨汁为什么那样甜？因为这是信仰的味道，只有真正的共产党员才能品味得到。

二、共产主义远大理想激励着每一代共产党人

2019 年 1 月 25 日下午，在首届"四有"新时代革命军人标兵颁奖仪式上，一名身穿笔挺军装的军人在别人的搀扶下走了出来。这名军人双眼已盲，双手已失，只听他说："兄弟们，对不起，原谅我再也没有办法跟你们一起扫雷了，请你们替我继续完成任务，向你们致敬，我等

着你们胜利归来！"说完，他便举起失去手的右臂，敬了一个庄严的军礼。

这个"最震撼的军礼"让无数人看到以后热泪盈眶、心疼不已。他就是云南扫雷大队排雷战士杜富国，一名90后共产党员。2018年10月11日下午，在边境扫雷行动中，面对复杂雷场中的不明爆炸物，杜富国对战友喊出"你退后，让我来"，在进一步查明情况时突遇爆炸，英勇负伤，失去了双手和双眼，同组战友安然无恙。"'你退后，让我来'，六个字铁骨铮铮，以血肉挡住危险，哪怕自己坠入深渊，无法还给妈妈一个拥抱，无法再见妻子明媚的笑脸，战友们拉着手蹚过雷场，你听那嘹亮的军歌。"这是"感动中国2018年度人物"给荣誉获得者排雷战士杜富国的颁奖词。在和平年代，依然有无数共产党员用汗水、用生命践行着崇高的信仰，为党为国家为人民奉献自己宝贵的年华。

鲁迅先生曾说，中华民族自古以来就有埋头苦干的人，就有拼命硬干的人，就有舍身求法的人，就有为民请命的人——他们是民族的脊梁。从1921年到1949年，在中国共产党领导的革命斗争中，有名可查的烈士就达370万人，比新中国成立时全国300多万党员还多。在世界政党史上，没有一个政党像中国共产党那样，为了坚持和践行自己的信仰，付出了如此巨大而惨烈的牺牲。人的生命只有一次，为什么先烈们能够义无反顾、视死如归？答案只有一个，那就是对马克思主义的信仰，对社会主义和共产主义的信念。我们党从诞生之日起，就始终把实现共产主义作为最终奋斗目标。无论是过去、现在还是将来，对社会主义和共产主义的信念，是共产党人的政治灵魂，是共产党人经受住任何考验的精神支柱，始终激励着一代又一代中国共产党人为了最广大人民的根本利益、为了全人类的彻底解放不畏牺牲、奋勇拼搏。

共产主义作为人类社会最理想的社会制度，是马克思、恩格斯在深入研究人类社会发展规律的基础上所构想和科学论证的。马克思、恩格斯认为，共产主义形态，按其成熟程度，可以分为低级阶段和高级阶段，通常分别称为"社会主义社会"和"共产主义社会"。关于共产主义社会，马克思在《哥达纲领批判》中作出了如下描述："在共产主义社会高级阶段，在迫使个人奴隶般地服从分工的情形已经消失，从而脑力劳动和体力劳动的对立也随之消失之后；在劳动已经不仅仅是谋生的手段，而且本身成了生活的第一需要之后；在随着个人的全面发展，他们的生产力也增长起来，而集体财富的一切源泉都充分涌流之后，——只有在那个时候，才能完全超出资产阶级权利的狭隘眼界，社会才能在自己的旗帜上写上：各尽所能，按需分配！"[1]马克思、恩格斯在其他著作中也对共产主义社会进行过论述。这些论述，尽管只揭示了未来共产主义社会的大致轮廓，但它已经向我们表明：共产主义是人类历史上最美好、最进步、最合理的社会制度。

迄今为止，马克思、恩格斯描绘的共产主义美好情景尚未在世界上出现，但这并不意味着共产主义的"渺茫"，更不能说明共产主义

---

[1] 马克思：《哥达纲领批判》，《马克思恩格斯选集》第三卷，人民出版社2012年版，第364—365页。

的"失败"。根据马克思主义经典作家的论述，共产主义不仅是一种理想的社会制度，而且是一种科学的理论体系，同时它还是一种"现实的运动"。1847年共产主义者同盟的成立和1848年《共产党宣言》的发表，标志着共产主义运动的开始和科学社会主义理论的诞生。科学社会主义理论及其指导下的共产主义运动，在世界上已经存在了170多年。作为共产主义制度低级阶段的社会主义制度，也在一些国家存在了几十年。

在我国，从马克思主义的传播、中国共产党的成立和无产阶级革命斗争的兴起，就开始了这一伟大的运动。现在，这个运动的新的发展阶段就是建设和发展中国特色社会主义。我们党现阶段的最低纲领是发展中国特色社会主义，它是共产主义事业的一部分，是实现共产主义这个最高纲领必经的一个历史阶段。

我们党把实现共产主义作为最高理想和最终目标，不仅仅因为共产主义社会是人类历史上最美好的理想社会，最重要的还在于它反映了社会发展的客观规律和必然趋势。马克思主义认为，人类社会的发展，是生产力和生产关系矛盾运动的结果。生产关系一定要适应生产力的发展状况，是一切社会发展的普遍规律。社会发展归根结底是由生产力发展水平决定的，具有不以人的意志为转移的客观规律性。任何社会形态都有其产生、发展和消亡的过程，一种社会形态由于其自身的矛盾，必然会被另一种更高级的社会形态所代替，人类社会的历史就是社会形态更替的历史，否则，社会就不会进步了。正因为如此，马克思主义认为，人类社会经过原始社会、奴隶社会、封建社会和资本主义社会，必然发展到共产主义社会。

不可否认，资本主义的产生曾极大地解放了被封建社会生产关系束缚的社会生产力，使生产力得到了前所未有的巨大发展，这是历史的一大进步。第二次世界大战以后，资本主义通过采取自我调节的手段，发生了一些新的变化，资本主义国家获得了相对稳定的发展，有时还呈现加速发展的趋势，劳动生产率和经济发展的水平有了很大提高。资本主义似乎真的像西方学者预言的那样，已进入了一个"无限制"的、"长期繁荣"的发展阶段。但是暂时的繁荣掩盖不了资本主义私有制与社会化大生产之间的根本矛盾，马克思主义科学地揭示了资本主义产生、发展和必然灭亡的规律，深刻地阐明了社会主义、共产主义必然胜利的人类历史发展的大趋势。这就向我们昭示，在人类历史发展的长河中，资本主义不是永恒的、绝对的社会制度，而是一种同以往的各种社会制度一样的过渡性社会制度。

从现实层面来看，社会主义的发展确实遭受过严重挫折。东欧剧变、苏联解体，使社会主义在一些国家经历了前所未有的困难。但这些国家出现的问题，不是社会主义制度本身的问题，而是违背了科学社会主义的本质要求所造成的。在我国社会主义建设时期，我们党也犯过错误，但是我们党能够及时总结历史经验教训，坚持社会主义根本制度不动摇，高举中国特色社会主义伟大旗帜，坚持和发展中国特色社会主义，在改革发展稳定、内政外交国防、治党治国治军各方面都取得了举世瞩目的伟大成就。西方一些信仰共产主义的人士满怀信心地说，只要占世界 1/5 的中国的社会主义阵地不丢失，国际共产主义运动就有希望，社会主义就依然是我们这个时代的主流。随着我国社会主义制度的发展和完善，这一制度将越来越显示出优越性和强大的生命力，世界上相信社会主义的人将会越来越多，人类社会发展的前途必将是社会主义的最高阶段——共产主义。

共产主义只有经过几代人、十几代人甚至几十代人长期不懈的努力，才能变为现实。忘记远大理想而只顾眼前，就会失去前进方向；离开现实工作而空谈远大理想，就会脱离实际。作为共产党员和要求入党的同志，既要树立远大理想、坚定信念，更要脚踏实地地为实现党在现阶段的基本纲领而不懈奋斗，扎扎实实地做好现阶段的每一项工作，才能为最终实现共产主义奠定坚实的基础。

三、共同理想凝聚团结奋进的力量

理想是有层次的。中国特色社会主义共同理想是共产主义最高理想在我国社会主义初级阶段的现实体现，是实现共产主义最高理想的必经阶段。没有最高理想的指引，就不会有共同理想的确立和支持。没有共同理想的实现，最高理想就没有现实基础。任何时候都不能把最高理想和共同理想割裂开来。志存高远，立足现实，既胸怀实现人类美好生活的崇高理想，又具备脚踏实地的求实精神，这是对每一个共产党员的政治要求。

对中国共产党人来说，实现共产主义是最高理想，无论过去、现在和将来，这个最高理想都是我们共产党人的精神支柱和力量源泉，它并没有随着时代的改变而改变。正如邓小平所指出的，光靠物质条件，我们的革命和建设都不可能胜利。过去我们党无论怎么弱小，无论遇到什么困难，一直有强大的战斗力，因为我们始终坚定马克思主义和共产主义的信念。马克思主义给我们指引的最高理想是共产主义，"在那里，每一个人的自由全面发展是一切人的自由发展的条件"[1]。

实现共产主义是一个漫长曲折的历史过程。只有实现中国特色社会主义共同理想，社会主义制度的优越性才能充分显现出来，也才能为共产主义最高理想的实现奠定坚实的物质基础。中国特色社会主义共同理想是中华民族共同理想在现代的先进体现，是民族精神和时代精神的现实价值要求的集中体现和升华。在中国共产党领导下，走中国特色社会主义道路，实现中华民族伟大复兴，是现阶段我国各族人民的共同理想，必须用中国特色社会主义共同理想凝聚力量。

（一）中国特色社会主义共同理想集中体现了全体人民的根本利益和共同愿望

中国特色社会主义共同理想，以中国特色社会主义理论体系为指导思想，以中国共产党为领导力量，以中国特色社会主义道路为正确选择，以建设富强民主文明和谐美丽的社会主义现代化国家、实现中华民

---

[1] 马克思、恩格斯：《共产党宣言》，《马克思恩格斯选集》第一卷，人民出版社 2012 年版，第 422 页。

族伟大复兴为目标，集中体现了全体中华儿女的根本利益和共同愿望。中国特色社会主义共同理想，描绘了人民美好生活的蓝图，展现了祖国光辉灿烂的未来，展示了中华民族伟大复兴的前景，给全体中华儿女以巨大的激励和鼓舞。

中国共产党自诞生之日起，就自觉地肩负起实现中华民族伟大复兴的庄严使命，团结和带领全国各族人民完成民族独立和人民解放的历史任务，为实现中华民族伟大复兴创造了前提。新中国成立后，中国共产党领导全国各族人民创造性地完成了由新民主主义到社会主义的过渡，实现了中国历史上最伟大、最深刻的社会变革，开始了在社会主义道路上实现中华民族伟大复兴的历史进程。

党的十一届三中全会以来，中国共产党团结和带领全国各族人民在改革开放实践中找到了建设中国特色社会主义的道路，并以一往无前的进取精神和波澜壮阔的创新实践，谱写了中华民族自强不息、开拓进取的壮丽史诗。我国社会主义经济建设、政治建设、文化建设、社会建设和生态文明建设取得了举世瞩目的成就。中国的发展，不仅使中国人民稳定地走上了富裕和谐的康庄大道，而且为世界经济发展和人类文明进步作出了重大贡献。我国社会主义现代化建设的辉煌成就，充分显示了中国特色社会主义无可比拟的优越性和中国模式的强大生机活力，打破了资本主义国家长期以来宣扬的不照搬西方模式就难以强国富民的普世神话。事实雄辩地证明，只有社会主义才能救中国，只有中国特色社会主义才能发展中国。

（二）中国特色社会主义共同理想是中华民族团结奋斗的精神支柱和精神动力

我国有 13 亿多人口，56 个民族，经济、教育、文化发展水平还不高，要使全体人民牢固树立中国特色社会主义共同理想，必须进行长期不懈的努力。建设中国特色社会主义充分反映了我国最广大人民的共同愿望、利益和要求，得到了最广泛的认同和拥护。实践证明，没有共同的理想信念，就没有共同的行动；共同的理想、共同的行动，是我们化解矛盾、解决问题、战胜困难、争取胜利的重要法宝。只有坚持走中国特色社会主义道路，团结一切可以团结的力量、调动一切可以调动的积极因素，才能顺利完成构建中国特色社会主义和谐社会的历史任务。

众所周知，在改革发展的历史进程中，我们不止一次地遇到过突出的矛盾与问题，也屡屡面对前进道路上这样或那样的激流与险滩。令人欣慰的是，我们克服了重重困难，化解了各种风险，取得了举世瞩目的伟大成就。一个重要的原因就是我们用共同理想凝聚了全国各族人民，保证了广大群众在思想上、政治上、行动上团结一致。

一个国家，如果没有共同的社会理想，就等于没有灵魂，就会失去凝聚力和生命力。相反，有了共同理想，全体人民就有了共同奋斗的精神动力，也只有通过共同理想才能统摄全体人民的力量和智慧。精神支柱是齐心协力、团结奋斗的前提，是凝聚人心、凝聚智慧和力量的重要保证。有了中国特色社会主义共同理想，就有了强大的精神支柱和精神动力，中华民族就能战胜前进道路上的任何困难。只有依靠这种共同理想，一个人、一个群体才能真正抬起头来，挺起脊梁，向着奋斗目标前进。只有具备这样强大的精神力量，才能成就艰难而伟大的事业。可以说，中国特色社会主义共同理想为人民提供了安身立命之所，为社会奠定了国泰民安之基。一个社会能否和谐，首先取决于有没有为社会大多数成员所认可并自觉践行的社会主导价值体系，以及由此价值体系产生的共同理想信念。当人民有了共同的理想信念，其潜力就会充分地发挥出来，就会产生强烈的归属感和信任感。历史证明，共同的价值观基础、共同的理想和追求、共同的文化和情感，是中华民族历尽磨难而生生不息的强大精神支柱。

（三）中国特色社会主义共同理想是凝聚人心的力量源泉

在价值多元化的时代，要完全做到舆论一致既无必要也不可能。中国特色社会主义共同理想体现了先进性与广泛性的统一，体现了民之所向。中国特色社会主义共同理想把国家的发展、民族的振兴与个人的幸福紧紧联系在一起，成为中国人民广泛接受和普遍认同并为之共同奋斗的目标。中国特色社会主义共同理想把各个阶层、各个群体的共同愿望有机结合在一起，形成了振兴中华的强大力量，具有强大的凝聚力、感召力和亲和力。

中国特色社会主义共同理想是鼓舞人心的、催人奋进的。对海内外中华儿女来说，中华民族伟大复兴是最具吸引力、感召力的共同理想。在新时代，通过创新赋予新形式和新内容，重建重塑民族精神，确立起正确、崇高、有吸引力、有感召力的共同理想，成为社会主义核心价值体系的重要组成部分，得到全体人民的支持和拥护，成为凝聚人心，激发积极性、主动性和创造力的重要因素。因此，用中国特色社会主义共同理想凝聚力量是可能的，也是可行的。历史地看，中国特色社会主义共同理想来自中国人民共同的历史经历和共同的民族心理，具有民族心理上的共同性。在此心理基础上产生的对中华民族实现伟大复兴的强烈渴望，也是共同的。不论哪个社会阶层，只要是爱国的中国人，都自然而然地具有这样的心理和愿望。从其愿望表达和利益代表上看，中国特色社会主义共同理想把党、国家、民族、个人紧紧地联系在一起，具有很强的广泛性和普遍性。党要为实现自身在社会主义初级阶段的目标而奋斗，国家要基本实现现代化，民族要实现伟大复兴，个人要过上幸福美好的生活，这些不同层面和不同角度的愿望和要求，都在共同理想上汇聚，形成一种追求共同理想的最大合力。

社会主义市场经济的发展也要求必须有一个能够代表最广大人民根本利益、为社会各个阶层所广泛认可和接受、能有效聚集各方面智慧和力量的共同理想。从其精神气质的展现上看，中国特色社会主义共同理想的包容性体现了中国特色社会主义文化的包容性，体现了社会主义和谐社会的包容性。在建设中国特色社会主义文化的过程中，我们要大力倡导一切有利于发扬爱国主义、集体主义、社会主义的思想和精神，大力倡导一切有利于改革开放和社会主义现代化建设的思想和精神，大力提倡一切有利于民族团结、社会进步、人民幸福的思想和精神，大力倡导一切有利于用诚实劳动争取美好生活的思想和精神。这一切都反映着中国特色社会主义事业的强大包容性，也体现着中国特色社会主义共同理想的包容性。

四、坚定马克思主义信仰

习近平总书记指出："理论上清醒，政治上才能坚定。坚定的理想信念，必须建立在对马克思主义的深刻理解之上，建立在对历史规律的深刻把握之上。全党要深入学习马克思列宁主义、毛泽东思想、邓小平理论、'三个代表'重要思想、科学发展观，深入学习党的十八大以来党中央治国理政新理念新思想新战略，不断提高马克思主义思想觉悟和理论水平，保持对远大理想和奋斗目标的清醒认知和执着追求。我们要教育引导广大党员、干部把学习成果转化为提升党性修养、思想境界、道德水平的精神营养，做到真学真懂真信真用，在胜利和顺境时不骄傲不急躁，在困难和逆境时不消沉不动摇，牢牢占据推动人类社会进步、实现人类美好理想的道义制高点。"[1]

（一）认真学习马克思主义理论，是我们做好一切工作的看家本领

毛泽东曾经提出："如果我们党有一百个至二百个系统地而不是零

––––––––––––––

[1] 习近平：《在庆祝中国共产党成立 95 周年大会上的讲话》，《人民日报》2016 年 7 月 2 日。

碎地、实际地而不是空洞地学会了马克思列宁主义的同志，就会大大地提高我们党的战斗力量。"[1] 这个任务，今天依然摆在我们面前。只有学懂了马克思列宁主义、毛泽东思想、邓小平理论、"三个代表"重要思想、科学发展观、习近平新时代中国特色社会主义思想，深入学习党的十八大以来党中央治国理政新理念新思想新战略，特别是领会了贯穿其中的马克思主义立场观点方法，才能心明眼亮，才能深刻认识和准确把握共产党执政规律、社会主义建设规律、人类社会发展规律，才能始终坚定理想信念，才能在纷繁复杂的形势下坚持科学指导思想和正确前进方向，才能带领人民走对道路，才能把中国特色社会主义不断推向前进。学习马克思主义必须从源头学起，这样才能弄清楚中国特色社会主义理论体系的来龙去脉，从而加深理解，自觉运用。

西汉刘向在《说苑·建本篇》中有这样一段话："少而好学，如日出之阳；壮而好学，如日中之光；老而好学，如炳烛之明。"意思是说，在年轻的时候好学，犹如早上的朝阳；在壮年时期好学，犹如正午之时太阳的光辉；而在晚年的时候好学，犹如点燃的蜡烛那样的明亮。习近平同志在《之江新语》中指出："我们一定要强化活到老、学到老的思想，主动来一场'学习的革命'，切实把外在的要求转化为内在的自觉，成为自己的一种兴趣、一种习惯、一种精神需要、一种生活方

---

[1] 毛泽东：《中国共产党在民族战争中的地位》，《毛泽东选集》第二卷，人民出版社1991年版，第533页。

式。"[1]

学习是文明传承之途、人生成长之梯、政党巩固之基、国家兴盛之要。一直以来，习近平总书记多次在重要讲话中强调领导干部读书学习的重要性：我们国家历来讲究读书修身、从政立德。在传统文化中，读书、修身、立德，不仅是立身之本，更是从政之基。古人讲，治天下者先治己，治己者先治心。要想治心养性，一个直接、有效的方法就是读书。在新的时代条件下，领导干部要不断提高自己、完善自己，经受住各种考验，就要坚持在读书学习中坚定理想信念、提高政治素养、锤炼道德操守、提升思想境界，坚持在读书学习中把握人生道理、领悟人生真谛、体会人生价值、实践人生追求，努力使自己成为一个高尚的人、一个纯粹的人、一个有道德的人、一个脱离了低级趣味的人、一个有益于人民的人。现在的领导干部都是各行各业的优秀分子，都比较年轻，都有高学历和很强的业务能力，但作为党的领导干部，除了这些条件外，必须有看家本领，必须掌握好马克思主义基本理论。这个本领有没有、强不强至关重要。因为理论上坚定，才会有政治上的坚定和信仰上的坚定，只有学会并掌握了马克思主义基本理论，党的指导思想才会落到实处，才能把马克思主义信仰内化于心、外化于行。

学习马克思主义的基本思想，必须原原本本学、仔仔细细读，下一番真功夫。习近平总书记指出："马克思主义思想理论博大精深、常学

---

[1] 习近平：《努力具备符合时代要求的知识结构》，《之江新语》，浙江人民出版社2007年版，第41页。

常新。新时代，中国共产党人仍然要学习马克思，学习和实践马克思主义，不断从中汲取科学智慧和理论力量，在统筹推进'五位一体'总体布局、协调推进'四个全面'战略布局中，更有定力、更有自信、更有智慧地坚持和发展新时代中国特色社会主义，确保中华民族伟大复兴的巨轮始终沿着正确航向破浪前行。"[1]

（二）学习和掌握马克思主义必须掌握其科学的理论思想，要学习马克思主义著作中最基本的著作，掌握最基本的观点

马克思主义经典著作是人类思想发展史上的一座高峰。马克思主义经典著作包含着经典作家汲取的人类探索真理的丰富思想成果，体现着经典作家攀登科学理论高峰的不懈追求和艰辛历程。值得我们下最大决心、以最大毅力来反复诵读，领会其精神实质。阅读经典著作，本身就是增长知识、开阔眼界、提高思想深度的过程，就是培养脚踏实地的工作作风的过程，会使我们在潜移默化中受到他们崇高风范和人格力量的熏陶，从而实现自己思想境界和道德情操的升华。马克思主义经典观点是科学性和实践性的统一，被长期历史实践证明是正确的。掌握马克思主义，不仅是为了认识世界，更重要的是要改造世界，只有把观点和立场转化为方法，才是真正掌握马克思主义，这也就是从实践向认识的转化。

马克思主义是时代的产物，学习掌握马克思主义，必须深入历史和实际当中。2008 年 5 月 13 日，习近平同志在中央党校 2008 年春季学期

---

[1] 习近平：《在纪念马克思诞辰 200 周年大会上的讲话》，《人民日报》2018 年 5 月 5 日。

第二批进修班开学典礼上的讲话中指出，领导干部在广泛学习各方面知识的同时，要尽可能多地学习和掌握一些历史知识。古人说过，以史为鉴可以知兴替。中华民族以历史悠久而著称于世，我们的祖先创造的灿烂历史文化是极为宝贵的精神遗产。

我们党在领导革命、建设和改革的过程中，一贯重视对历史经验的借鉴和运用，总是从中获取智慧、认识规律、把握方向。毛泽东指出："指导一个伟大的革命运动的政党，如果没有革命理论，没有历史知识，没有对于实际运动的深刻的了解，要取得胜利是不可能的。"[1]领导干部学习和了解历史，不仅可以拓宽知识面，吸收前人在修身处事、治国理政等方面的智慧和经验，而且可以更加清晰地认识社会活动规律，牢固树立马克思主义的唯物史观。历史知识丰富了，眼界和胸襟就可以大为开阔，精神境界就可以大为提高，思维层次和领导水平就可以提升到一个新境界。

所以各级领导干部还是要学习一些中国历史和世界历史知识，特别要深入学习中国近现代史和中共党史，深入学习世界近现代史和马克思主义发展史，不断深化对共产党执政规律、社会主义建设规律、人类社会发展规律的认识。通过学习和掌握马克思主义，各级干部能够深刻认识中国特色社会主义的重大历史意义，坚定中国特色社会主义道路自信、理论自信、制度自信和文化自信，就能有效应对不断出现的新问题新挑战，不断增强认识世界和改造世界的能力。

---

〔1〕毛泽东：《中国共产党在民族战争中的地位》，《毛泽东选集》第二卷，人民出版社 1991 年版，第 533 页。

第三章

人民群众：
创造历史的力量

人民是历史的创造者、人民是真正的英雄，必须相信人民、依靠人民；我们永远是劳动人民的普通一员，必须保持同人民群众的血肉联系。

——习近平在"不忘初心、牢记使命"主题教育工作会议上的讲话（2019年5月31日）

历史是人民创造的，人民是真正的英雄，是推动历史前进的根本主体。自古至今，勤劳勇敢的中国人民始终是中华民族生生不息、发展壮大的脊梁。具有伟大创造精神、伟大团结精神、伟大奋斗精神、伟大梦想精神的中国人民，不仅铸就了绵延5000多年发展至今的中华文明，而且深刻影响着当代中国发展进步。在伟大的中国人民手中，把不可能变成了可能。从农村到城市，从试点到推广，从经济体制改革到全面深化改革，中国人民用双手书写了国家和民族发展的壮丽史诗。

正如习近平总书记所指出的："人民是历史的创造者，人民是真正的英雄。波澜壮阔的中华民族发展史是中国人民书写的！博大精深的中华文明是中国人民创造的！历久弥新的中华民族精神是中国人民培育的！中华民族迎来了从站起来、富起来到强起来的伟大飞跃是中国人民奋斗出来的！"[1]"中国人民敢闯敢试、敢为人先，积极性、主动性、创造性空前高涨，充分显示了13亿多人民作为国家主人和真正英雄推动历史前进的强大力量。"[2]

---

〔1〕习近平：《在第十三届全国人民代表大会第一次会议上的讲话》，《人民日报》2018年3月21日。
〔2〕习近平：《开放共创繁荣 创新引领未来》，《人民日报》2018年4月11日。

一、中国力量归根结底是人民的力量

谁是历史的真正创造者？一直以来便存在着两种根本对立的观点：群众史观和英雄史观。英雄史观分为主观唯心主义的英雄史观和客观主义的英雄史观。主观唯心主义的英雄史观认为，决定历史发展的最终原因便是历史上少数英雄豪杰、帝王将相的思想智慧、品格才能、愿望意志等因素，而人民群众不过是消极、被动的存在，只是英雄人物的盲目追随者而已。比如英国历史学家卡莱尔便认为，全世界的历史实际上都是降生到这个世界上的伟大人物的思想外在的、物质的结果。客观主义的英雄史观则认为，人类历史是由某种客观、神秘的力量所决定的，比如上帝。在西方，古代和中世纪的神学家们都认为人类历史的产生和发展都是由一种超自然的力量所决定的，这种超自然的力量就是上帝，上帝便是主宰国家兴亡、民族盛衰的最高力量。马克思主义唯物史观则认为，人民群众才是历史的主体，是历史的创造者，在推动人类社会历史发展中起着决定性作用。人民群众的总体意愿和行动代表了历史发展的方向，人民群众的社会实践活动创造了丰富的物质财富和精神财富，并最终决定历史发展的结局。

在古希腊神话中有一个英雄，名叫安泰，是海神波塞冬和地神盖亚的儿子，他力大无比，无人能敌。他拥有无敌力量的原因是什么？据说，安泰对大地之神有一种特殊的依恋之情，每当他和敌人搏斗遇到困难时，只要往母亲身上一靠，就能获得新的力量，但这也是他的致命弱点。后来，有一个叫赫拉克勒斯的敌手，利用他的这个弱点，不让他和地面接触，就在空中把他扼死了。苏联领导人斯大林曾经便将共产党和人民群众的关系比作古希腊神话中安泰和大地的关系，他指出布尔什维克也同安泰一样，其之所以强大，就是因为他们同自己的"母亲"，即同那些生育、抚养和教导他们成人的群众保持联系。只要他们同自己的"母亲"、同人民保持联系，他们就有一切把握，始终是不可战胜的。人民群众是党的力量之源、胜利之本、执政之基。密切联系群众，我们才能有取之不尽的力量；脱离了人民群众，必然会走向失败。苏联解体的教训也充分证明了这一点。

回顾党和国家几十年的发展历程，我们党之所以能够领导人民取得革命、建设和改革的伟大胜利，我们国家之所以能够立足世界之林并不断发展壮大，一个根本原因就在于我们党始终深深扎根于人民群众之中，人民群众为我们党提供了不竭的智慧和力量。历史和现实一再证明并仍将继续证明，人民立场是中国共产党的立党之本，群众路线是党的生命线和根本工作路线，始终依靠人民的力量是我们党取得革命胜利、社会主义建设和改革开放巨大成就的重要法宝。

以毛泽东同志为主要代表的中国共产党人，基于马克思主义唯物史观，在中国革命实践中形成和确立了党的群众路线，培育了党群之间鱼水相依的亲密关系。中国共产党在领导中国革命的进程中，在多数情况下，面临的都是敌强我弱的不利形势，我们的敌人都异常强大。作为力量较弱的一方，如何才能取得斗争的胜利呢？早在民主革命时期，毛泽东就明确指出："人民，只有人民，才是创造世界历史的动力。"[1]"在革命政府的周围团结起千百万群众来，发展我们的革命战争，我们就能消灭一切反革命，我们就能夺取全中国。"[2]我们党正是依靠人民群众的支持，才取得了新民主主义革命的胜利，取得了社会主义革命和建设的成功。

在淮海战役纪念馆的支前厅里，陈列着一根1.2米长的小竹竿，这是馆藏的国家一级文物。这根小竹竿的主人便是山东特等支前功臣、543万支前民工的代表唐和恩。在支前路上，唐和恩每走到一处，便把地名刻在竹竿上，就这样，竹竿上刻满了鲁苏皖三省88个地方的名字，记录下了3000千米长的人民支前路线图。唐和恩的竹竿就是支前民工们"军队打到哪里，物资就运到哪里"这一口号最好的证明！正是在人民群众的踊跃支持下，人民解放军取得了淮海战役的胜利，共歼灭国民党军55万多人，基本上解放了长江以北的华东和中原地区。淮海战役中被俘的国民党第十八军军长杨伯涛在回忆录中写道："我们的失败，很大程度上是因为没有老百姓的支持。部队经过豫皖边境时，老百姓逃避一空，几乎连个带路的向导都找不到。这次我当了俘虏，通过村庄看见解放军和老百姓住在一起，像一家人那样亲切，有的围着一个锅台烧饭，简直分不出军与民的界限，我想这是解放军取得胜利的一个主要原

---

[1] 毛泽东：《论联合政府》，《毛泽东选集》第三卷，人民出版社1991年版，第1031页。
[2] 毛泽东：《关心群众生活，注意工作方法》，《毛泽东选集》第一卷，人民出版社1991年版，第139页。

因。"2017 年 12 月 13 日，习近平总书记在参观淮海战役纪念馆时指出，淮海战役就是"小推车推出来的胜利"。我们要好好回报人民，让人民过上幸福美好的生活。

中国共产党始终坚定人民是历史的真正创造者的观点，敢于、善于放手发动群众，调动广大人民群众的积极性，最终推翻了"三座大山"，解放了全中国，实现了民族独立。毛泽东在《关心群众生活，注意工作方法》一文中指出："国民党现在实行他们的堡垒政策，大筑其乌龟壳，以为这是他们的铜墙铁壁。同志们，这果然是铜墙铁壁吗？一点也不是！……真正的铜墙铁壁是什么？是群众，是千百万真心实意地拥护革命的群众。这是真正的铜墙铁壁，什么力量也打不破的，完全打不破的。"[1]

"改革开放以来，面对出现的新情况新问题，我们党反复强调：党的根基在人民，血脉在人民，力量在人民。正确的认识只能来源于群众的实践，正确的决策只有变成群众的自觉行动才能实现。领导干部要深入基层，深入群众，深入实际，尊重人民群众的创造，倾听人民群众的呼声，反映人民群众的意愿，集中人民群众的智慧和力量去发展我们的事业。"[2]改革开放初期，邓小平提出以人民拥护不拥护、赞成不赞成、高兴不高兴、答应不答应作为我们想问题、作决策的主要依据。在改革开放推进过程中，江泽民提出了"三个代表"重要思想，强调要把"始

〔1〕毛泽东：《关心群众生活，注意工作方法》，《毛泽东选集》第一卷，人民出版社 1991 年版，第 139 页。
〔2〕曲青山：《群众路线永远是党的生命线》，《光明日报》2013 年 6 月 17 日。

终代表中国最广大人民的根本利益"作为我们党保持先进性的一条根本原则；胡锦涛提出必须更加自觉地把以人为本作为深入贯彻落实科学发展观的核心立场，始终把实现好、维护好、发展好最广大人民根本利益作为党和国家一切工作的出发点和落脚点。党的十八大以来，以习近平同志为核心的党中央，顺应人民群众追求幸福美好生活的新期待，作出了庄严承诺：人民对美好生活的向往，就是我们的奋斗目标。

二、创造人间奇迹的伟大力量

人民是历史的创造者，是真正的英雄，是推动改革开放、创造发展奇迹的伟大力量。邓小平在党的十二大开幕词中说："我们党提出的各项重大任务，没有一项不是依靠广大人民的艰苦努力来完成的。"[1]40多年来，正是人民群众释放了改革开放的最大动能，改革开放在认识和实践上的每一次突破、每一种新生事物的出现、每一个经验的积累，无不来自亿万人民的实践和智慧。习近平总书记指出："中国人民敢闯敢试、敢为人先，积极性、主动性、创造性空前高涨，充分显示了13亿多人民作为国家主人和真正英雄推动历史前进的强大力量。"[2]

〔1〕邓小平：《中国共产党第十二次全国代表大会开幕词》，《邓小平文选》第三卷，人民出版社1993年版，第4页。
〔2〕习近平：《开放共创繁荣 创新引领未来》，《人民日报》2018年4月11日。

（一）千千万万普通人最伟大

近年来，在网上流传着很多关于北京"人防网"的段子。比如北京的"四大神秘组织"——"朝阳群众""西城大妈""海淀网友"和"丰台劝导队"。其中，"朝阳群众"最为有名，是因其近年来举报多名网络大V、明星艺人嫖娼吸毒。神秘的"朝阳群众"也被网友戏称为"世界第五大王牌情报组织"。而"西城大妈"也不甘示弱，据统计，截至2018年12月，"西城大妈"实名注册人数已达81885人，积极参与平安西城建设的各类群防群治力量超10万人，特色团队1452个。2015年至2018年，"西城大妈"提供各类违法犯罪线索3万多条，涉恐线索1000多条，协助公安机关抓获犯罪嫌疑人6000余人。这些志愿者组织的成员有教师、医生、出租车司机、退休干部等。正是由于广大民众的广泛参与，群防群治，为预防违法犯罪活动、维护首都和谐稳定作出了重要贡献。

恩格斯说过："无论历史的结局如何，人们总是通过每一个人追求他自己的、自觉预期的目的来创造他们的历史，而这许多按不同方向活动的愿望及其对外部世界的各种各样作用的合力，就是历史。"[1]历史的创造是人民群众共同作用的结果，虽然每一个个体并不能决定和主导历史的方向，但是并不是说这些意志等于零。相反地，每种意志都对合力有所贡献，因而是包括在这个合力里面的。因此，我们说，人民群众的

---

[1] 恩格斯：《路德维希·费尔巴哈和德国古典哲学的终结》，《马克思恩格斯选集》第四卷，人民出版社2012年版，第254页。

合力推动了改革开放的成功，创造了人间奇迹，而这个合力便源自每一个勤勤恳恳工作、踏踏实实付出的普通老百姓，他们都是波澜壮阔的中国故事中的主角。习近平总书记在 2018 年新年贺词中说道："2017 年，我又收到很多群众来信，其中有西藏隆子县玉麦乡的乡亲们，有内蒙古苏尼特右旗乌兰牧骑的队员们，有西安交大西迁的老教授，也有南开大学新入伍的大学生，他们的故事让我深受感动。广大人民群众坚持爱国奉献，无怨无悔，让我感到千千万万普通人最伟大，同时让我感到幸福都是奋斗出来的。""我为中国人民迸发出来的创造伟力喝彩！"[1]

2018 年 12 月，由英国曼彻斯特大学公共历史学教授迈克尔·伍德撰稿并主持的纪录片《中国改革开放的故事》在中国迅速走红。迈克尔·伍德在接受《人民日报》记者采访时深有感触地说："在拍摄前，我已经通过一些书籍对中国改革开放的故事作了一些了解。但当我去到中国，见到那些亲历了中国改革开放的人时，我从内心深处感到激动和敬佩。""当小岗村的农民告诉我，他们即使冒着被'杀头'的风险也要尝试分田到户时，当时任邓小平翻译的张维为教授告诉我，恢复高考时坐在他身边参加高考的有矿工、农民时，当清华大学薛澜教授告诉我，有一天突然得知自己可以参加高考，命运从此被改变时，我深深地被打动了。他们就像'地里的盐'！"迈克尔·伍德解释道，英国人用"地里的盐"来形容高尚、真诚的人。在拍摄《中国改革开放的故事》过程中，他遇到了太多这样的中国人，每个人与改革开放相关的经历都深深

---

〔1〕《国家主席习近平发表二〇一八年新年贺词》，《人民日报》2018 年 1 月 1 日。

地震撼着他。[1]

（二）群众的呼声是改革的方向

问题是时代的声音，是实践的起点。马克思指出，问题就是公开的、无畏的、左右一切个人的时代的声音；问题就是时代的口号，是它表现自己精神状态的最实际的呼声。每一个时代都有属于它自己的问题，只有科学地认识、准确地把握、正确地解决这些问题，才能够把我们的社会不断推向前进。习近平总书记明确指出："改革是由问题倒逼而产生，又在不断解决问题中得以深化。"[2]把握时代的声音，必须牢牢抓住真问题、实问题。真问题、实问题必然是和老百姓息息相关的问题，就是老百姓的呼声和诉求。老百姓关心什么、期盼什么，改革就要抓住什么、推进什么。

习近平总书记曾经深情地讲过"梁家河的变化"的故事："上世纪60年代末，我才十几岁，就从北京到中国陕西省延安市一个叫梁家河的小村庄插队当农民，在那儿度过了7年时光。那时候，我和乡亲们都住在土窑里、睡在土炕上，乡亲们生活十分贫困，经常是几个月吃不到一块肉。我了解乡亲们最需要什么！后来，我当了这个村子的党支部书记，带领乡亲们发展生产。我了解老百姓需要什么。我很期盼的一件事，就是让乡亲们饱餐一顿肉，并且经常吃上肉。但是，这个心愿在当

---

[1] 参见《"讲出中国人民的创造力"》，《人民日报》2019年2月3日。
[2] 习近平：《关于〈中共中央关于全面深化改革若干重大问题的决定〉的说明》，《人民日报》2013年11月16日。

时是很难实现的。今年春节，我回到这个小村子。梁家河修起了柏油路，乡亲们住上了砖瓦房，用上了互联网，老人们享有基本养老，村民们有医疗保险，孩子们可以接受良好教育，当然吃肉已经不成问题。这使我更加深刻地认识到，中国梦是人民的梦，必须同中国人民对美好生活的向往结合起来才能取得成功。"[1]

民之所望，政之所向。人民群众对什么方面感觉不幸福、不快乐、不满意，我们就在哪方面下功夫，千方百计为群众排忧解难。人民群众的呼声和诉求就是我们改革的初心，就是我们改革的方向和不竭的动力。2018年4月，习近平总书记在庆祝海南建省办经济特区30周年大会上的讲话中特别指出："没有人民支持和参与，任何改革都不可能取得成功。只有充分尊重人民意愿，形成广泛共识，人民才会积极支持改革、踊跃投身改革。要坚持人民主体地位，发挥群众首创精神，紧紧依靠人民推动改革开放。要坚持从人民群众普遍关注、反映强烈、反复出现的问题背后查找体制机制弊端，找准深化改革的重点和突破口。要始终把人民利益摆在至高无上的地位，加快推进民生领域体制机制改革，尽力而为、量力而行，着力提高保障和改善民生水平，不断完善公共服务体系，不断促进社会公平正义，推动公共资源向基层延伸、向农村覆盖、向困难群体倾斜，着力解决人民群众关心的现实利益问题。"[2]

---

〔1〕习近平：《梁家河的变化是中国进步的缩影》，《人民日报》（海外版）2017年7月27日。
〔2〕习近平：《在庆祝海南建省办经济特区30周年大会上的讲话》，《人民日报》2018年4月14日。

（三）人民的创造力是无穷的

1978 年，安徽省遭遇大旱，这对年年吃返销粮、领救济款、经常外出逃荒要饭的凤阳县小岗村来说无疑是雪上加霜。穷则思变，在一个冬夜，小岗村 18 户农民聚在一起，以敢为天下先的精神，在一纸分田到户的"秘密契约"上按下鲜红的手印，实行农业"大包干"，从此拉开了我国农村改革的序幕。这 18 位带头人的红手印催生了家庭联产承包责任制，彻底打破"一大二公"的人民公社体制，解放了农村生产力，使我国农业发展摆脱了长期短缺状态，解决了农民的温饱问题。邓小平深有感触地说："我们改革开放的成功，不是靠本本，而是靠实践，靠实事求是。农村搞家庭联产承包，这个发明权是农民的。农村改革中的好多东西，都是基层创造出来，我们把它拿来加工提高作为全国的指导。"[1]如今，"大包干"契约作为改革开放珍贵文物，被陈列在国家博物馆，彰显了小岗村作为我国农村改革的主要发源地和中国改革标志的历史地位。值得一提的是，在 2018 年庆祝改革开放 40 周年大会上，农村改革的先行者、"大包干"带头人被授予"改革先锋"称号，获得"改革先锋"奖章。

中国人民是具有伟大创造精神的人民。在中华民族 5000 多年的历史长河中，中国人民始终辛勤劳作、发明创造，为人类文明发展进步创造出了无数宝贵的物质财富和精神财富。比如，在思想领域，我们有了

---

[1] 邓小平：《在武昌、深圳、珠海、上海等地的谈话要点》，《邓小平文选》第三卷，人民出版社1993 年版，第 382 页。

老子、孔子、庄子、孟子、墨子、孙子、韩非子等闻名于世的伟大思想巨匠；在科学技术领域，我们发明了造纸术、火药、印刷术、指南针等诸多深刻影响人类文明进程的伟大科技成果；在文学领域，我们创作了《诗经》、楚辞、汉赋、唐诗、宋词、元曲、明清小说等伟大文艺作品，传承了《格萨尔王》《玛纳斯》《江格尔》等震撼人心的伟大史诗；在建造领域，我们建设了万里长城、都江堰、大运河、故宫、布达拉宫等气势恢宏的伟大工程；等等。新中国成立70年来，特别是在改革开放的40多年中，中国人民的创造精神前所未有地迸发出来，推动我国日新月异向前发展，大踏步地赶上了时代，走在了世界前列。

2018年，美国布朗大学沃森国际与公共事务研究所高级研究员傅立民曾感慨地说："过去几十年间，我一直观察着中国的改革开放，也曾于1981—1984年间在北京亲身感受这场变革。在我看来，改革开放是中国人民的又一次解放，整个国家仿佛进入了彩色世界。这不只是因为人们的穿着变了，更是因为出现了思想意识的解放，社会活力、人民想象力的'阀门'都被打开了。当我走进公园，人们会主动和我聊天，很多人想练习英语。各种各样的商场开始在北京出现，有的还是私营的。整个中国都开始向外看。中国改革开放造就的经济奇迹来自于人民的创造力。我非常敬佩中国人民为改善生活所付出的艰辛努力。"[1]

无论是改革开放初期冲破人民公社旧体制、创造"大包干"的农民，还是顶着"走资本主义大帽子"创办乡镇企业的农村干部；无论是

---

〔1〕〔美〕傅立民：《中国改革开放造就的经济奇迹来自于人民的创造力》，人民网2018年11月21日。

当下勇于实践、克服重重困难的企业家，还是时下把网上生意做得风生水起的创业者们；无论是在科研岗位上兢兢业业做出成绩的科学工作者，还是奋斗在一线的大国工匠……他们都是改革开放的弄潮儿。

任何新事物的发展过程总是往返曲折的，而非径情直遂的，新中国也是如此。当代中国风云激荡的 70 年发展道路，可谓是荆棘载途，困难重重，但是我们始终能够劈波斩浪、阔步向前，创造了世界经济发展史上的奇迹，一个根本的原因就在于人民群众所迸发出的无穷创造力。在改革的进程中，人民的首创精神得到了尊重并不断彰显，人民的创造力极大迸发，每一个人不仅是改革开放的见证者和亲历者，更是改革开放的参与者和创造者。一些领域的改革之所以破土而出，是人民群众鼓足勇气推动的；一些领域的开放之所以巍然成型，是人民群众率先敲开大门的。有了广大人民群众的积极参与和奋力创造，改革开放才能走得稳健扎实，才能不断实现突破与进步，取得举世瞩目的非凡伟业。

三、坚定人民立场，凝聚磅礴之力

改革开放 40 多年来，我们取得了全方位、开创性的历史性成就，发生了深层次、根本性的历史性变革，中华民族迎来了从站起来、富起来到强起来的伟大飞跃，实现了中国从几千年封建专制政治向人民民主的伟大飞跃，实现了中华民族由近代不断衰落到根本扭转命运、持续走向繁荣富强的伟大飞跃，迎来了中华民族伟大复兴的光明前景。但同时，摆在全党全国各族人民面前的任务也更加艰巨，挑战也更加严峻。

正如习近平总书记所指出的："我们现在所处的，是一个船到中流浪更急、人到半山路更陡的时候，是一个愈进愈难、愈进愈险而又不进则退、非进不可的时候。改革开放已走过千山万水，但仍需跋山涉水。"[1]改革开放新征程的号角已经吹响，在新长征路上，每一个中国人都是主角，都有一份责任。"大鹏之动，非一羽之轻也；骐骥之速，非一足之力也。"当代中国要飞得更高、跑得更快，就必须始终坚持并贯彻落实以人民为中心的发展理念，不断凝聚起13亿多人民的磅礴力量。

（一）新时代属于每一个人

党的十八大以来，以习近平同志为核心的党中央以巨大的政治勇气和强烈的责任担当，提出了一系列新理念新思想新战略，出台了一系列重大方针政策，推出了一系列重大举措，推进了一系列重大工作，解决了许多长期想解决而没有解决的难题，办成了许多过去想办而没有办成的大事，推动党和国家事业取得了全方位、开创性的历史性成就，发生了深层次、根本性的历史性变革。中国特色社会主义进入了新时代。

新时代是什么样的时代呢？党的十九大报告明确指出："这个新时代，是承前启后、继往开来、在新的历史条件下继续夺取中国特色社会主义伟大胜利的时代，是决胜全面建成小康社会、进而全面建设社会主义现代化强国的时代，是全国各族人民团结奋斗、不断创造美好生活、逐步实现全体人民共同富裕的时代，是全体中华儿女勠力同心、奋力实

---

〔1〕习近平：《在庆祝改革开放40周年大会上的讲话》，《人民日报》2018年12月19日。

现中华民族伟大复兴中国梦的时代，是我国日益走近世界舞台中央、不断为人类作出更大贡献的时代。"新时代的中国更加自立、更加自信、更加自强，沐浴在新时代的阳光下，使人不禁想到当年方志敏烈士所憧憬的"可爱的中国"："我相信，到那时，到处都是活跃跃的创造，到处都是日新月异的进步，欢歌将代替了悲叹，笑脸将代替了哭脸，富裕将代替了贫穷，康健将代替了疾苦，智慧将代替了愚昧，友爱将代替了仇杀，生之快乐将代替了死之悲哀，明媚的花园，将代替了凄凉的荒地！这时，我们民族就可以无愧色的立在人类的面前，而生育我们的母亲，也会最美丽地装饰起来，与世界上各位母亲平等的携手了。"[1]今天，新时代的中国便是"可爱的中国"最生动的呈现。

1.新时代是走向共同富裕的时代

什么是共同富裕？那就是，"全面建成小康社会，一个也不能少"[2]。"一个也不能少"是以习近平同志为核心的党中央向全国各族人民作出的庄严承诺！"一个也不能少"就是"一个民族都不能少"，就是"不能丢了农村这一头"，就是"决不能让一个苏区老区掉队"，就是"残疾人一个也不能少"。党的十八大以来，我们始终践行扶真贫、真扶贫、真脱贫的核心理念，创造了中国减贫史上的最好成绩。2012年年底，我国有9899万贫困人口，到2017年年底还剩3046万人，5年时间里减少了6853万人，年均减少1370万人。贫困地区农民纯收入增幅比

〔1〕方志敏：《可爱的中国》，中国友谊出版公司2014年版，第137—138页。
〔2〕习近平：《新时代要有新气象更要有新作为 中国人民生活一定会一年更比一年好》，《人民日报》2017年10月26日。

全国农村农民收入增幅高 2.5 个百分点。[1] 作为脱贫攻坚战开局之年，2018年全年共减贫 1386 万人，贫困发生率比 2017 年下降了 1.4 个百分点，[2]实现了连续 6 年超额完成千万以上减贫任务。

2. 新时代是奋斗者的时代

改革开放 40 多年来，我们创造了中国发展的奇迹，实现了从"赶上时代"到"引领时代"的伟大跨越。但是我们也要看到我国仍处于并将长期处于社会主义初级阶段的基本国情没有变，我国是世界最大发展中国家的国际地位没有变。革命尚未成功，同志仍需努力。在新时代，人人都是追梦者，人人也都是筑梦者。惟奋斗者进，惟奋斗者强，惟奋斗者胜。正如习近平总书记所指出的："新时代属于每一个人，每一个人都是新时代的见证者、开创者、建设者。只要精诚团结、共同奋斗，就没有任何力量能够阻挡中国人民实现梦想的步伐！"[3]

（二）让人民过上美好生活

不忘初心，方得始终。习近平总书记在党的十九大报告中强调："我们要在继续推动发展的基础上，着力解决好发展不平衡不充分问题，大力提升发展质量和效益，更好满足人民在经济、政治、文化、社会、生态等方面日益增长的需要，更好推动人的全面发展、社会全面进步。"

在马克思主义看来，人的需求状况是由社会历史发展阶段所决定

---

〔1〕参见《五年减贫 6853 万人 创中国减贫史最好成绩》，《北京日报》2018 年 3 月 8 日。
〔2〕参见《2018 年国民经济和社会发展统计公报》，统计局网站 2019 年 2 月 28 日。
〔3〕习近平：《在第十三届全国人民代表大会第一次会议上的讲话》，《人民日报》2018 年 3 月 21 日。

的，并随着人类实践活动的发展而不断提升。正如恩格斯所说："人们首先必须吃、喝、住、穿，就是说首先必须劳动，然后才能争取统治，从事政治、宗教和哲学等等。"[1] 也就是说，当人的基本生存需要或物质需要满足之后，便会追求更高层次的社会需要、精神需要，追求人的自由和发展需要。现阶段人民的需求已发生了阶段性的质的提升，对美好生活的向往更加强烈。

那么什么是美好生活呢？可以说我们每个人内心都有对自己理想生活的构想，比如面朝大海，春暖花开。那从群体层面如何概括呢？我们可以从两个层面来把握。

人民需要的层次大大提升，主要表现为在物质文化生活层面从数量要求向质量要求转变。在商品短缺、物质匮乏的时代，对于很多人来说，"过年包顿饺子"是所盼望的事，大多数人吃不到山珍海味。所以在那个时候，一听到相声里的菜名，什么烧花鸭、烧雏鸡、烧子鹅、卤猪、卤鸭、酱鸡、腊肉、松花、小肚儿、酱肉、香肠……人们觉得那叫一个"香"啊。改革开放以来，饮食上从追求吃饱到吃出健康，服装上从"黑灰蓝绿"到日益个性化，人民生活水平不断迈向新台阶，人民需要的层次也不断提升。对于这一变化，习近平总书记用"八个更"来描述：更好的教育、更稳定的工作、更满意的收入、更可靠的社会保障、更高水平的医疗卫生服务、更舒适的居住条件、更优美的环境、更丰富的精神文化生活。

---

[1] 恩格斯：《卡尔·马克思》，《马克思恩格斯选集》第三卷，人民出版社 2012 年版，第 723 页。

人民需要的内涵大大提升，主要表现为从"硬需要"向"软需要"转变。比如，在政治生活上要求民主法治，在文化生活上要求精神文明，在社会生活上要求公平正义，在生态环境上追求绿水青山、美丽中国，等等。总的来说，人们更加注重幸福感、安全感、获得感的提升。

（三）紧紧依靠人民创造历史伟业

人民群众作为中华民族的主体，是推动社会进步的强大动力，也是实现民族复兴的根本力量。正如毛泽东所指出的："只要我们依靠人民，坚决地相信人民群众的创造力是无穷无尽的，因而信任人民，和人民打成一片，那就任何困难也能克服，任何敌人也不能压倒我们，而只会被我们所压倒。"[1]在新征程上，不管乱云飞渡、风吹浪打，只要我们始终紧紧依靠人民，坚持自力更生、艰苦奋斗，有坚如磐石的信心、只争朝夕的劲头、坚韧不拔的毅力，必然能把中国特色社会主义伟大事业不断推向前进。

依靠人民群众创造伟业，关键是要始终不渝、毫不动摇地坚定人民立场和群众路线。习近平总书记指出："人民立场是中国共产党的根本政治立场，是马克思主义政党区别于其他政党的显著标志。党与人民风雨同舟、生死与共，始终保持血肉联系，是党战胜一切困难和风险的根本保证，正所谓'得众则得国，失众则失国'。"[2]群众中蕴藏着无穷无尽的智慧和力量，坚持人民立场和群众路线是汇聚这些智慧和力量的重

---

〔1〕毛泽东：《论联合政府》，《毛泽东选集》第三卷，人民出版社1991年版，第1096页。
〔2〕习近平：《在庆祝中国共产党成立95周年大会上的讲话》，《人民日报》2016年7月2日。

要途径。我们必须牢固树立群众观点，坚持人民主体地位，发挥人民首创精神，充分相信群众、紧紧依靠群众、密切联系群众，体察民情、了解民意、集中民智，这样才能汇聚起实现中华民族伟大复兴的磅礴力量，不断夺取伟大斗争新胜利。

中国特色社会主义事业是人民的事业，人民群众是坚持和发展中国特色社会主义的主力军，没有亿万人民的积极拥护和参与，我们的奋斗目标便无法实现。中国特色社会主义事业的最终受益者是人民群众，建设者也是人民群众，我们只有坚持"一切为了人民、一切依靠人民"，才能把最广大人民群众最广泛地团结起来，把一切积极因素调动起来，把人民群众的智慧和力量凝聚起来；我们只有坚持"从群众中来、到群众中去"的领导方法和工作方法，尊重人民群众的主体地位和首创精神，坚持问政于民、问需于民、问计于民，才能始终保证中国特色社会主义事业健康发展；我们只有最充分地调动起人民群众的积极性、主动性和创造性，最大限度地集中民心、民智、民力，才能突破新长征路上的"娄山关""腊子口"，创造出更大的发展奇迹。

改革开放40多年来之所以能取得巨大成功，根本原因就是得到了社会各阶层人民群众的普遍拥护和广泛参与。实践反复证明，中国特色社会主义事业是群众的事业，只有始终坚持人民立场，践行群众路线，才能不断凝聚发展的磅礴之力。我们之所以能够攻坚克难，战胜一切艰难险阻，就是因为我们始终坚持以人民为中心。在改革开放新征程中，我们仍然要始终坚持人民立场，牢固树立贯彻落实以人民为中心的发展理念，坚持以人为本、执政为民，把实现好、维护好、发展好最广大人民根本利益作为党和国家一切工作的出发点和落脚点，只有这样，党和国家的各项事业才能获得最广泛最可靠最牢固的群众基础和力量源泉。

第四章 先进文化：价值引领的力量

要坚持社会主义先进文化前进方向，用社会主义核心价值观凝聚共识、汇聚力量，用优秀文化产品振奋人心、鼓舞士气，用中华优秀传统文化为人民提供丰润的道德滋养，提高精神文明建设水平。

——习近平在省部级主要领导干部学习贯彻党的十八届五中全会精神专题研讨班上的讲话（2016 年 1 月 18 日）

　　《易经》载："观乎天文，以察时变，观乎人文，以化成天下。"意思是说通过观察天象，可以了解自然时序的变化，通过观察人类社会的各种现象，可以用道德教化的方法来治理天下。"文"，甲骨文像一个人正面站立着，胸前画有纹饰，其最初的含义便是"文身"，后来经引申，有了"式样"和"秩序"的内涵。文有空间之文、时间之文和人类精神之文。其中最核心的便是精神之文，即文化。一位哲学家曾作过这样的比喻：政治是骨骼，经济是血肉，文化是灵魂。文化既是一个人的灵魂，更是一个民族的灵魂，是维系国家统一和民族团结的精神纽带，是民族生命力、创造力、凝聚力的集中体现。古语有言："国之大事，在祀与戎。""祀"，是古代中国文化的内核，是凝聚诸多民族、建立美好国内秩序的精神力量。文化的力量是最深沉、最持久的力量，是民族生存和强大的根本力量。正如习近平同志 2005 年 8 月 12 日在《文化是灵魂》一文中所指出的："文化的力量，或者我们称之为构成综合竞争力的文化软实力，总是'润物细无声'地融入经济力量、政治力量、社会力量之中，成为经济发展的'助推器'、政治文明的'导航灯'、社

会和谐的'黏合剂'。"〔1〕

"文化兴国运兴，文化强民族强。"这始终是颠扑不破的真理。新中国成立 70 年来，我们始终坚持先进文化的前进方向，充分发挥社会主义核心价值观在社会发展中的价值引领、精神凝聚作用，为社会主义各项事业蓬勃发展提供了强大正能量、奠定了和谐发展基础、凝聚了民族力量。习近平总书记指出："我们始终坚持发展社会主义先进文化，加强社会主义精神文明建设，培育和践行社会主义核心价值观，传承和弘扬中华优秀传统文化，坚持以科学理论引路指向，以正确舆论凝心聚力，以先进文化塑造灵魂，以优秀作品鼓舞斗志，爱国主义、集体主义、社会主义精神广为弘扬，时代楷模、英雄模范不断涌现，文化艺术日益繁荣，网信事业快速发展，全民族理想信念和文化自信不断增强，国家文化软实力和中华文化影响力大幅提升。"〔2〕

一、激发改革的强大正能量

文化是有层次的：有先进的文化，有落后的文化，也有腐朽反动的文化。所谓落后的文化，简单地说就是带有迷信、愚昧、颓废、庸俗等色彩的文化，封建主义和资本主义的腐朽思想、殖民文化、邪教文化、淫秽色情文化等都属于腐朽文化。这些落后腐朽的文化不仅会腐蚀人们的精神世界，更会侵蚀民族精神，阻碍和危害社会主义事业的发展

〔1〕习近平：《文化是灵魂》，《之江新语》，浙江人民出版社 2007 年版，第 149 页。
〔2〕习近平：《在庆祝改革开放 40 周年大会上的讲话》，《人民日报》2018 年 12 月 19 日。

进步。

社会的发展进步始终离不开先进文化的价值引领和精神支撑，先进文化必然是能够顺应社会历史发展规律、反映和适应先进生产力的发展要求、代表和维护最广大人民群众根本利益的文化。社会主义先进文化作为中国社会文明进步的结晶，为中国特色社会主义事业发展进步提供了强有力的价值指引、精神动力和智力支持。

（一）社会进步的价值指引

改革开放的过程也是当代中国社会转型和变革的过程，在社会转型的过程中，文化价值作为一种观念性取向在面对社会新旧交替时会不断更新变化。也就是说，社会的剧烈变革会对人们原有的价值观念产生极大的冲击。在改革开放 40 多年中，我国经济领域飞速发展的同时，思想文化领域也进入了一个思想大活跃、观念大碰撞、文化大交融的时代，文化冲突、价值冲突等问题逐渐显露，也越发彰显精神文明建设的重要性。

随着对外开放政策的实施和不断深入推进，西方社会思潮和文化价值观念也随之涌入了中国，这些社会思潮和文化价值观念有积极的方面，比如讲究公平竞争、注重效率和法治建设等，但同时也有消极的一面，比如"普世价值"、历史虚无主义等。另外，随着改革开放的不断深入，市场经济自身的缺陷也逐渐暴露出来，并逐渐反映到人们的思想道德领域以及人与人的关系上来，致使一些人理想信念动摇，导致拜金主义、享乐主义、极端个人主义有所滋长，一些人的世界观、人生观、价值观发生扭曲。比如，有些人信奉"金钱至上""金钱万能"的思想观念，为了金钱，不顾礼义廉耻，不顾良心、责任，贪赃枉法，腐化堕落，等等。这种思想观念和生活方式的危害性不可低估，若不能有效引导，便会导致社会道德沦丧和信仰缺失，整个社会便会失去精神支柱，社会发展也会迷失方向、丧失意义。

在 2019 年春节联欢晚会上，小品《"儿子"来了》引起了很多网友的热议，小品主要讲述了一个骗子基于两位老人追求健康长寿的心理，通过花言巧语、借助认老人当妈等手段忽悠老人卖房买保健品的小故事。看完之后，很多网友惊叹骗子的伎俩之高、保健品行业的套路之深，同时也有一些网友纷纷表示家中老人也有过类似被骗的经历，甚至有过之而无不及。近些年来，地沟油、注水猪肉、苏丹红鸭蛋、三聚氰胺奶粉、虚假保健品、过期疫苗……一些不法商贩在金钱至上、利益至上的观念腐蚀下，逐渐突破了做人的底线，突破了社会的底线，不仅扰乱了市场经济的健康发展，更败坏了社会风气，引发了"信任危机"。

要抵御这些错误思想观念的侵蚀，就必须推进社会主义精神文明建设，发挥社会主义先进文化的价值指引作用。习近平总书记形象地指出："当高楼大厦在我国大地上遍地林立时，中华民族精神的大厦也应该巍然耸立。"[1]改革开放伊始，我们党便创造性地提出建设社会主义精神文明的任务，确立了"两手抓、两手都要硬"的战略方针。40 多年

---

〔1〕习近平：《在文艺工作座谈会上的讲话》，《人民日报》2015 年 10 月 15 日。

来，我们党始终坚持将精神文明建设贯穿于改革开放和现代化全过程，不断推动物质文明和精神文明协调发展，既创造了物质文明发展的世界奇迹，更创造了精神文明发展的丰硕成果，为全国各族人民不断前进提供了强大的精神力量和丰润的道德滋养。空前繁荣的中国特色社会主义文化，开阔了人们的视野，促进了思想的解放和观念的更新，使人们的自立意识、竞争意识、民主法治意识大大增强，爱国主义、集体主义、科学文明、积极向上的思想风尚和道德风尚，成为我国人民精神世界的主流。

（二）榜样的力量是无穷的

《论语·里仁》有云："见贤思齐焉，见不贤而内自省也。"榜样的力量是无穷的，榜样是一面镜子，是一面旗帜，更是一种积极向上的精神力量。以榜样为镜，让我们知道自身的不足；榜样可以给我们指引方向，引导我们不断向好的方向前行和发展；榜样作为一种向上的力量，具有极强的感染力，只要我们树立榜样、学习榜样、争做榜样，在全社会形成崇德向善、见贤思齐、德行天下的浓厚氛围，必然能凝聚起强大的正能量。2013 年 9 月 26 日，习近平总书记在会见第四届全国道德模范及提名奖获得者时指出："伟大时代呼唤伟大精神，崇高事业需要榜样引领。当前，全国各族人民正在为实现中华民族伟大复兴的中国梦而奋斗。我们要按照党的十八大提出的培育和践行社会主义核心价值观的要求，高度重视和切实加强道德建设，推进社会公德、职业道德、家庭美德、个人品德教育，倡导爱国、敬业、诚信、友善等基本道德规范，培育知荣辱、讲正气、作奉献、促和谐的良好风尚。"[1]

有这样一个人，很多人都说他很"傻"，把自己的钱给别人花，把自己的血献给别人用，只知道不断地付出，却从不求半点儿回报。后来，越来越多说他"傻"的人，受他的影响和感染，成了和他一样的"傻子"。他就是"当代雷锋"、全国道德模范、"2010年感动中国人物"郭明义。雷锋曾在日记中写道："我要做一个有利于人民、有利于国家的人。如果说这是'傻子'，那我甘心愿意做这样的'傻子'，革命需要这样的'傻子'，建设也需要这样的'傻子'。"从1996年开始担任鞍钢集团矿业公司采场公路管理员以来，郭明义每天都提前两个小时上班，在15年的时间里，累计献工15000多个小时，相当于多干了5年的工作。正是凭着这股子"傻劲儿"，工友们都称他为"郭菩萨""活雷锋"，这种"傻子精神"也使整个"矿山人"的精神得到了升华。在生活中，他20年间共献血约6万毫升，是自身血量的10倍多；从1994年开始先后资助了180多名特困生，为希望工程、身边工友和灾区群众捐款12万元，比他参加工作以来所得工资的一半还多。

社会的进步与发展离不开精神的指引，先进典型是有形的正能量，更是鲜活的价值观，是引领社会主流价值的鲜明旗帜。在改革开放进程中不断涌现出的道德模范、劳动模范、先进工作者等都是坚持中国道

---

[1]习近平：《深入开展学习宣传道德模范活动 为实现中国梦凝聚有力道德支撑》，《人民日报》2013年9月27日。

路、弘扬中国精神、凝聚中国力量的楷模，他们以高度的主人翁责任感、卓越的劳动创造、忘我的拼搏奉献，为全国人民树立了学习的榜样。他们像一颗颗默默无闻的种子，孕育着真善美，在中华大地上生根发芽。爱岗敬业、争创一流，艰苦奋斗、勇于创新，淡泊名利、甘于奉献，是他们奉献给时代的宝贵精神财富和强大精神力量，生动诠释和弘扬了社会主义核心价值观，带动着人们见贤思齐、积极向上，在潜移默化、润物无声中，引领着整个社会的风气和道德风尚。

近些年来，从树立可亲、可敬、可学的榜样，到广泛进行宣传教育，再到实施一系列扎实的举措，我们营造了见贤思齐、崇德向善的社会氛围，也为先进典型的不断涌现培育了良田沃土。习近平同志在《要善于学典型》一文中指出："'学所以益才也，砺所以致刃也'。我们就是要善于向先进典型学习，在一点一滴中完善自己，从小事小节上修炼自己，以自己的实际行动学习先进、保持先进、赶超先进。"[1] 2014 年 3 月，习近平总书记在河南兰考考察时指出，希望通过学习焦裕禄精神，为推进党和人民事业发展、实现中华民族伟大复兴的中国梦提供强大正能量。

（三）促进人的全面发展

社会发展和人的发展是相互结合、相互促进的。人越是全面发展，社会的物质文化财富就会创造得越多，人民的生活就越能得到改善；而

---

[1] 习近平：《要善于学典型》，《之江新语》，浙江人民出版社 2007 年版，第 218 页。

物质文化条件越充分，越能促进人的全面发展。人的全面发展，主要表现在人的思想道德素质、科学文化素质和健康素质等各方面的全面提升。在不同的社会发展阶段，人的全面发展和素质提高的要求也会不同。改革开放 40 多年来，在文化建设方面，我们始终坚持以人民为中心的文化发展方向，以科学理论武装人，以正确的舆论引导人，以高尚的精神塑造人，以优秀的作品鼓舞人，无论是思想内容还是表现形式，都发挥着强有力的导向和示范作用。社会主义文化以其自身的科学性和先进性，在人民大众的文化生活中始终占据着主导地位，为人民群众的精神成长提供了不可缺少的精神食粮，对促进人的全面发展发挥了重要作用。

（四）发挥社会主义先进文化作用

社会主义先进文化作用的发挥离不开完善的文化平台和载体的搭建。改革开放以来特别是党的十八大以来，我们不断加强现代公共文化服务体系建设，关注文化民生，强弱项补短板，努力保障人民群众基本文化权益，初步建立了覆盖城乡的公共文化服务体系，为文化精神价值的实现提供了坚实的基础。

1. 优化公共文化服务

从目前来看，我国"三馆一站"公共文化服务设施全部免费开放，基本实现了"县有公共图书馆、文化馆，乡有综合文化站"的建设目标。对"读书看报、收听广播、观看电视、观赏电影、送地方戏、设施开放、文体活动"七大基本公共文化服务项目，制定指导标准，明确保障底线，基本公共文化服务标准化、均等化建设得到加强。深入实施广播电视村村通、文化信息资源共享、农家书屋等重大文化惠民工程，公共文化服务能力和普惠水平不断提高，群众性文化活动日益丰富。

2. 完善基本公共文化设施

据统计，2017 年，全国共有群众文化机构 44521 个，比 1978 年增加 37628 个，增长 5.5 倍，1979 —2017 年年均增长 4.9%；博物馆 4721 个，比 1978 年增加 4372 个，增长 12.5 倍，年均增长 6.9%；公共图书馆 3166 个，比 1978 年增加 1948 个，增长 1.6 倍，年均增长 2.5%。[1]

3. 发展出版事业

改革开放以来，我国出版事业蓬勃发展。2017 年，全国图书出版种数 51.2 万种，比 1978 年增加 49.8 万种，增长 33.2 倍，1979 —2017 年年均增长 9.5%；图书总印数 92.4 亿册，比 1978 年增加 54.7 亿册（亿张），增长 1.4 倍，年均增长 2.3%。全国期刊出版种数 10130 种，比 1978 年增加 9200 种，增长 9.9 倍，年均增长 6.3%；期刊总印数 24.92 亿册，比 1978 年增加 17.3 亿册，增长 2.3 倍，年均增长 3.1%。[2]

---

〔1〕参见《文化事业建设不断加强 文化产业发展成绩显著——改革开放 40 年经济社会发展成就系列报告之十七》，国家统计局 2018 年 9 月 13 日。
〔2〕参见《文化事业建设不断加强 文化产业发展成绩显著——改革开放 40 年经济社会发展成就系列报告之十七》，国家统计局 2018 年 9 月 13 日。

二、凝聚共识，固本培元

任何一个社会都存在多种多样的价值观念和价值取向，要把全社会意志和力量凝聚起来，必须有一套与经济基础和政治制度相适应并能形成广泛社会共识的核心价值观。核心价值观在一定社会的文化中是起中轴作用、决定文化性质和方向的最深层次的因素，是一个国家的重要稳定器。习近平总书记指出："人类社会发展的历史表明，对一个民族、一个国家来说，最持久、最深层的力量是全社会共同认可的核心价值观。"[1]

当代中国的核心价值观，便是党的十八大提出要倡导的"富强、民主、文明、和谐，自由、平等、公正、法治，爱国、敬业、诚信、友善"。社会主义核心价值观从国家、社会、公民三个层面，构建起我们所应遵循的主流价值观，深入回答了"我们要建设什么样的国家、建设什么样的社会、培育什么样的公民"的重大问题，体现了国家认同、社会认同、公民认同的有机统一。

社会主义核心价值观是社会主义先进文化的内核，是引领当代中国发展的精神旗帜，是凝聚中国力量的思想道德基础。正如习近平总书记所指出的："把培育和弘扬社会主义核心价值观作为凝魂聚气、强基固本的基础工程，继承和发扬中华优秀传统文化和传统美德，广泛开展社会主义核心价值观宣传教育，积极引导人们讲道德、尊道德、守道

---

[1] 习近平：《青年要自觉践行社会主义核心价值观》，《人民日报》2014年5月5日。

德，追求高尚的道德理想，不断夯实中国特色社会主义的思想道德基础。"[1] "我国是一个有着 13 亿多人口、56 个民族的大国，确立反映全国各族人民共同认同的价值观'最大公约数'，使全体人民同心同德、团结奋进，关乎国家前途命运，关乎人民幸福安康。"[2]

（一）社会主义核心价值观是增强中华民族认同感、团结全国各族人民为实现中华民族伟大复兴而奋斗的精神支柱

在社会主义核心价值观中，最深层、最根本、最永恒的是爱国主义。在中华民族 5000 多年的文明发展史中，逐步形成了以爱国主义为核心的团结统一、爱好和平、勤劳勇敢、自强不息的伟大民族精神。正是在这一伟大民族精神的激励和感染下，中国人民创造了一个又一个人间奇迹。习近平总书记指出："实现中国梦必须弘扬中国精神。这就是以爱国主义为核心的民族精神，以改革创新为核心的时代精神。这种精神是凝心聚力的兴国之魂、强国之魂。爱国主义始终是把中华民族坚强团结在一起的精神力量，改革创新始终是鞭策我们在改革开放中与时俱进的精神力量。全国各族人民一定要弘扬伟大的民族精神和时代精神，不断增强团结一心的精神纽带、自强不息的精神动力，永远朝气蓬勃迈向未来。"[3]

民族精神集中体现了中华民族的整体风貌和精神特质，体现了中华

[1] 习近平：《把培育和弘扬社会主义核心价值观作为凝魂聚气强基固本的基础工程》，《人民日报》2014 年 2 月 26 日。
[2] 习近平：《青年要自觉践行社会主义核心价值观》，《人民日报》2014 年 5 月 5 日。
[3] 习近平：《在第十二届全国人民代表大会第一次会议上的讲话》，《人民日报》2013 年 3 月 18 日。

民族共同的价值追求，是中华民族永远的精神火炬。历史和现实都已证明，爱国主义具有巨大的凝聚力和生命力，能够最大限度地凝聚和动员全民族的力量，鼓舞和团结全国各族人民风雨同舟、自强不息、勇于奋斗，推动党和国家事业不断前行。在革命、建设和改革的各个时期，我们在实践中不断为民族精神增添新的时代内涵。比如，在推动科技创新发展过程中，形成的"热爱祖国、无私奉献、自力更生、艰苦奋斗、大力协同、勇于攀登"的"两弹一星"精神；在建设社会主义工业过程中，形成的"爱国、创业、求实、奉献"的大庆精神；在抗拒重大自然灾害过程中，形成的"万众一心、众志成城，不怕困难、顽强拼搏，坚韧不拔、敢于胜利"的抗洪精神，等等。这些精神继承和发扬了中华民族的优良传统，集中反映了中国人民在中国共产党领导下的一往无前、奋发图强的精神面貌，构成了时代精神的主旋律。

伟大的时代铸就伟大的精神，伟大的精神引领伟大的时代。在改革开放实践中铸就的伟大的改革开放精神，极大丰富了民族精神的内涵，成为当代中国人民最鲜明的精神标识。改革开放精神是解放思想、实事求是的精神，是敢闯敢试、勇于创新的精神，是互利合作、命运与共的精神。改革开放40多年来，改革开放精神始终激励着亿万中国人民砥砺奋进、开拓进取。从包产到户的"星星之火"，到兴办经济特区"杀出一条血路来"，到建立社会主义市场经济体制、闯出一条发展新路……正是凭借伟大的改革开放精神，我们党团结带领全国各族人民冲破层层阻碍，攻克重重难关，谱写出感天动地、气壮山河的奋斗赞歌。

（二）社会主义核心价值观是构建和谐社会的价值支撑

"和为贵""天下兼相爱""人人相亲，人人平等，天下为公""人能尽其才，地能尽其利，物能尽其用"。2000 多年来，实现社会和谐、追求美好社会始终是中华民族孜孜以求的社会理想。构建社会主义和谐社会，是中国特色社会主义的重大战略任务，体现了全党全国各族人民的共同愿望，对于推进党和人民事业的发展、保证党和国家的长治久安，具有重要意义。构建和谐社会需要社会主义核心价值观强有力的价值支撑。社会主义核心价值观是维系社会健康协调运转的精神纽带，是指引社会前进方向的精神旗帜。党的十六大报告第一次将"社会更加和谐"作为重要目标提出。党的十六届四中全会进一步提出构建社会主义和谐社会的任务。2005 年 2 月，胡锦涛指出："构建社会主义和谐社会，是我们党从全面建设小康社会、开创中国特色社会主义事业新局面全局出发提出的一项重大任务，适应了我国改革发展进入关键时期的客观要求，体现了广大人民群众根本利益和共同愿望。"[1]"我们所要建设的社会主义和谐社会，应该是民主法治、公平正义、诚信友爱、充满活力、安定有序、人与自然和谐相处的社会。"[2]"民主法治、公平正义、诚信友爱、充满活力、安定有序、人与自然和谐相处"是社会主义和谐社会的基本特征，同时也是建设社会主义和谐社会的目标和方向。

构建和谐社会，关键是要实现人自身的和谐、人与人之间的和谐、

---

[1] 胡锦涛：《构建社会主义和谐社会》，《胡锦涛文选》第二卷，人民出版社 2016 年版，第 274 页。
[2] 胡锦涛：《构建社会主义和谐社会》，《胡锦涛文选》第二卷，人民出版社 2016 年版，第 285 页。

人与社会关系和谐、人与自然之间和谐。人是社会关系的总和，要实现社会的和谐，首先要确立人自身的和谐，人自身的和谐既包括健康的心理素质，也包括积极向上的乐观心态和道德情操；社会是人类交往活动的产物，人与人之间的和谐是构建和谐社会的根本基石，人与人之间的和谐包括个体之间、个体与群体之间、群体与群体之间关系的和谐，体现为人们在利益关系平衡基础上的互相尊重、平等互利、诚信友爱、互帮互助、融洽相处；人与社会关系的和谐，就是人与社会组织、社会制度之间的相互作用、相互制约、相互促进，表现为国家、集体、个人的权益关系协调，使整个社会安定有序、平稳运行、充满活力，人们心平气和、安居乐业；人与自然之间的和谐，就是人与所处的自然环境和谐共生。

社会主义核心价值观作为中国特色社会主义文化建设的灵魂，作为规范社会主义文明生活的道德规范和价值准则，为实现和谐人际关系提供了价值遵循，为构建和谐社会发挥了重要价值引导作用，是中国特色社会主义事业有序进行、和谐发展的基本保证。在国家层面，社会主义核心价值观倡导和弘扬"富强、民主、文明、和谐"。"富强、民主、文明、和谐"四个核心价值是一个不可分割的整体，彼此依赖、相互渗透、互为前提，集中展示了社会主义的先进性质，是我们建设中国特色社会主义必须遵循的核心价值理念和必须坚持的基本原则。在社会层面，社会主义核心价值观倡导和弘扬"自由、平等、公正、法治"，这也是中国特色社会主义制度所承载的核心价值理念。一方面，"自由、平等、公正、法治"是中国特色社会主义制度不断走向成熟定型的价值指引；另一方面，不断发展完善的中国特色社会主义制度保障了"自由、平等、公正、法治"等价值理念的实现。在公民层面，社会主义核心价值观提倡和弘扬"爱国、敬业、诚信、友善"，有利于提高全体社会成员的文明素养，推动社会公德、职业道德、家庭美德、个人品德的建设，形成互助、奉献、诚信的社会风尚，营造安定团结、和谐向上的良好环境及我为人人、人人为我的良好氛围。

改革开放40多年来，我们始终着力通过构建和完善公平正义的制度体系来保障人民群众的基本权益和根本利益，为营造和谐社会奠定了良好的社会环境。比如在实现公平正义方面，党的十八大报告指出，要"逐步建立以权利公平、机会公平、规则公平为主要内容的社会公平保障体系，努力营造公平的社会环境，保证人民平等参与、平等发展权利"。通过营造维护公平正义的社会制度环境，保证全体社会成员都能够平等地享有受教育的权利、工作就业的权利，努力为每个社会成员提供均等的发展机会，通过完善社会保障和分配制度，社会政策不断向弱势群体倾斜，努力缓解地区之间和社会成员之间收入分配的差距，保障弱者的基本权益，实现发展成果的人人共享、普遍受益。

（三）社会主义核心价值观是筑牢意识形态阵地的坚强基石

近些年来，一些错误思潮无孔不入，一些人打着各种虚伪的旗号，诋毁马克思主义、社会主义、中华民族等，意图解构和瓦解当代中国的主流价值，这给社会主义意识形态工作带来了严峻挑战。具有代表性的观点和思想主要有以下三种。

第一种是西方文化中心主义主导下的"普世价值"论。所谓"普世价值"论，无非是西方文明中心论的当代表现，主要表现为打着"自由、民主、博爱"的旗号，为西方主流价值和政治制度唱赞歌，将西方的主流价值和政治制度作为衡量一切好坏的标准，并以此标准诋毁包括中国在内的一些主权国家，以实现其文化霸权的战略意图。

第二种是资本逻辑主导下的新自由主义思想。资本逻辑是当代资本主义社会结构运行的主导逻辑。在资本主导下，一切政治、经济、文化等活动皆为资本服务，而新自由主义便是其在思想文化层面的现实反映，新自由主义主张一切私有化、自由化，追求个体私利最大化，主张消费主义、拜金主义、享乐主义等，其目标指向则是意图瓦解社会主义的制度之基——公有制。

第三种是以唯心主义历史观为理论基础的历史虚无主义。所谓历史虚无主义，无非是唯心主义历史观的沉渣泛起，是世界社会主义运动低潮和西方"和平演变"社会主义国家两种力量共同驱动的产物，其产生之初就承载着哲学意义上的意识形态斗争的使命。习近平总书记指出，历史虚无主义的要害，是从根本上否定马克思主义指导地位和中国走向社会主义的历史必然性，否定中国共产党的领导。要警惕和抵制历史虚无主义的影响，坚决抵制、反对党史问题上存在的错误观点和错误倾向。

随着时代的发展，各种错误思潮宣传渗透手段花样翻新，借助新媒体平台四处传播，虚无历史，丑化领袖人物、英雄人物，诋毁中国共产党和社会主义道路，在人民群众中产生了极为负面的影响。由于明辨是非、鉴别真伪的能力不足，一些群众很容易掉入这些错误言论的话语陷阱之中，迷失价值方向。

为此，要抵御意识形态领域的挑战，必须积极倡导和弘扬社会主义核心价值观，筑牢意识形态阵地，通过社会主义核心价值观的宣传和培育，引导广大人民群众做社会主义核心价值观的坚定信仰者、积极传播者、模范践行者。在这里，首先要澄清一点，有些人把社会主义核心价值观所倡导的"自由""民主""公正""平等""法治"等价值理念等同于西方所宣传的"普世价值"，这完全是一种曲解。核心价值观反映的是不同社会制度的本质，在资本主义社会，这些理念也理所当然地被打上了资本主义的烙印，反映了资本主义的本质和利益诉求。社会主义核心价值观则是在吸收包括资本主义文明成果在内的一切文明成果的基础上发展起来的，代表了人类进步的价值理念，这些价值理念则有着更高层次的内涵，是对资本主义核心价值观的扬弃和超越。

三、坚定文化自信，提升文化软实力

当今时代，国家综合实力的竞争越发倾向于文化软实力的竞争，树立坚定的文化自信是应对国家文化软实力激烈竞争的必然要求。文化自信是更基础、更广泛、更深厚的自信，是更基本、更深沉、更持久的力量。坚定文化自信，提高国家文化软实力，事关国运兴盛，事关文化安全，事关民族精神的独立性，事关"两个一百年"奋斗目标和中华民族伟大复兴中国梦的实现。正如习近平总书记所指出的："文化软实力集中体现了一个国家基于文化而具有的凝聚力和生命力，以及由此产生的吸引力和影响力。古往今来，任何一个大国的发展进程，既是经济总量、军事力量等硬实力提高的过程，也是价值观念、思想文化等软实力提高的进程。"[1]

（一）不断彰显中华文化独特魅力

2018 年 11 月 27 日至 12 月 6 日，上海昆剧团携《临川四梦》等经典剧目赴欧洲，在奥地利、德国、俄罗斯三国进行巡回演出。随着《牡丹亭》在柏林艺术节剧院的演出落下帷幕，上海昆剧团为期两天的德国站巡演圆满结束。当晚的演出气氛热烈，演员谢幕时，现场的掌声、欢呼声久久不息。值得一提的是，在座超过 80% 的观众是欧洲人，其中不乏专业人士。

德国导演兼戏剧学家安娜·佩什克评价说："中国传统戏剧一直对我有着很强的吸引力，每次观看对我来说都是一种无与伦比的享受。昆剧中也有这么多精彩的打斗场面是我原先没有料到的。精美的服饰、优秀的演员、高水平的演出……都让我非常惊艳。我觉得其他观众也都很喜欢，所以上座率那么高，因为真的是一次非常难得的可以近距离体验

---

〔1〕《习近平关于建设社会主义文化强国系列重要讲话》，《人民日报》2016 年 5 月 5 日。

中国文化的机会，还包括了听取有关乐器的介绍、与团长和导演面对面交流等一系列衍生活动。大家都很专注，并且积极参与互动。"上海昆剧团团长谷好好满怀信心地说："不仅因为这是我们中国独有的传统文化，更因为它是证明今天中国从富起来到强起来很好的表现——文化强啊！今天我们已经不知足于'走出来'，我们觉得更重要的是'走进去'，要把中国艺术的这种综合美润物细无声，希望全世界的朋友通过戏曲的传承和发展来了解中国的整体实力。"[1]

中华优秀传统文化是我们最深厚的文化软实力，是中华民族的精神命脉，是涵养社会主义核心价值观的重要源泉，也是我们在世界文化激荡中站稳脚跟的坚实根基。要把中华民族最基本的文化基因，以人们喜闻乐见、具有广泛参与性的方式推广开来，把跨越时空、超越国度、富有永恒魅力、具有当代价值的文化精神弘扬起来，把继承优秀传统文化又弘扬时代精神、立足本国又面向世界的当代中国文化创新成果传播出去。要以理服人、以文服人、以德服人，完善人文交流机制，创新人文交流方式，综合运用大众传播、群体传播、人际传播等多种方式展示中华文化的魅力。

（二）培育和践行社会主义核心价值观是提高我国文化软实力的基石

习近平总书记指出："核心价值观是文化软实力的灵魂、文化软实

---

[1]《上海昆剧团携〈临川四梦〉唱响德国》，中央广播电视总台国际在线 2018 年 12 月 3 日。

力建设的重点。这是决定文化性质和方向的最深层次要素。一个国家的文化软实力，从根本上说，取决于其核心价值观的生命力、凝聚力、感召力。培育和弘扬核心价值观，有效整合社会意识，是社会系统得以正常运转、社会秩序得以有效维护的重要途径，也是国家治理体系和治理能力的重要方面。历史和现实都表明，构建具有强大感召力的核心价值观，关系社会和谐稳定，关系国家长治久安。"[1]

1. 突出社会主义核心价值观的"中国特色"及其社会主义本质，积极吸收一切文明成果

社会主义核心价值观是在马克思主义理论指导下中国先进价值理念与社会主义本质的融合，在培育过程中，应坚持马克思主义的指导，坚持社会主义本质的根本导向，从中国现实国情和社会发展现状出发，凝练和提升涉及社会各个领域和阶层的代表广大人民群众理想信念的、先进的价值理念，并对西方文明价值观和中国传统价值观进行吸收和借鉴，通过不断扬弃、凝练，服务于社会主义。继承中华优秀传统文化是培育社会主义核心价值观的重要基础，社会主义核心价值观的培育也必须扎根于中华文化这片沃土。中华民族悠悠5000多年的文明史，积淀着中华民族最深层次的精神追求，其孕育的和谐、大同、天下为公、善治的政治理想、仁义礼智信的道德追求等，是我们培育社会主义核心价值观的根基和血脉。当然，对于优秀传统文化的继承不是简单地吸收，

---

[1] 习近平：《把培育和弘扬社会主义核心价值观作为凝魂聚气强基固本的基础工程》，《人民日报》2014年2月26日。

而是结合当代中国的实际和时代特征，对传统文化中的优秀思想观点赋予新的时代内涵和表现形式，发扬创新精神，培育既有民族性又有时代性的当代核心价值观。

2. 克服价值虚无主义，形成对核心价值观的自觉认同

当代中国社会正处于一个价值多元并存的时代，价值多元主义、相对主义等观念充斥于社会之中。而价值多元主义的存在在很大程度上表现为核心价值、主流价值地位的丧失，价值之间没有了主次之分，社会规范和道德伦理的约束力下降，价值多元主义和相对主义产生的根源便是价值虚无主义。价值虚无主义，按照尼采的理解即"最高价值的自行贬黜"，也就是说，在社会中充斥着各种价值，却没有一个最高价值，价值内在的神圣性、理想性的一面被去除了，取而代之的是启蒙理性、科学精神和世俗化，当作为统摄其他价值的最高价值或价值体系没有构建或缺少认同的时候，必然会造成价值的多元冲突混乱。因此，在培育和践行社会主义核心价值观的进程中，必须注重对价值虚无主义的克服，致力于培育对核心价值观的自觉认同。价值认同主要通过两种形式来实现：一种是通过外在的宣传教育，另一种是通过主体内在的实践。各种社会中的核心价值观一般都是由社会精英从社会多元的价值理念中凝练出来的，我们需要将社会主义核心价值观以通俗易懂的语言和方式传递给老百姓，使广大人民群众从观念上增加对社会主义核心价值观的认识，提升对社会主义核心价值观的认同。

3. 坚持把社会主义核心价值观融入社会生活的方方面面

培育一种价值观并使其发挥作用，必须通过强化教育引导、舆论宣传、文化熏陶、实践养成和制度保障等。而培育的关键便在于要与人民群众的日常生活联系起来，在落细、落小、落实方面下功夫。习近平总书记指出："我们要在全社会大力弘扬和践行社会主义核心价值观，使之像空气一样无处不在、无时不有。"[1]培育和践行社会主义核心价值观既要与每一个人紧密相连，也要与每一个人的日常生活紧密相连，使人们在实践中感知它、领悟它，使之成为人们日常工作生活的基本遵循；要坚持全民行动、干部带头，从家庭做起、从娃娃抓起。人民有信仰，国家有力量，民族有希望。要发挥广大党员干部的模范带头作用，用自身的模范行为和高尚人格感召群众，要注重发扬中华民族传统家庭美德，注重家风建设，要让社会主义核心价值观在青少年的心田中生根发芽，为广大青少年扣好人生"第一粒扣子"。

---

[1] 习近平：《在文艺工作座谈会上的讲话》，《人民日报》2015年10月15日。

第五章

制度优势：
保驾护航的力量

中国特色社会主义制度是当代中国发展进步的根本制度保障，是具有鲜明中国特色、明显制度优势、强大自我完善能力的先进制度。

——习近平在庆祝中国共产党成立 95 周年大会上的讲话（2016 年 7 月 1 日）

中国力量

1989 年，美国《国家利益》杂志上刊登了一篇名为"历史的终结？"的文章，引起了西方世界的普遍关注，文章的作者是美国政治学家弗朗西斯·福山，文中宣称人类社会的发展史就是一部"以自由民主制度为方向的人类普遍史"，自由民主制度是"人类意识形态发展的终点"和"人类最后一种统治形式"，至此，构成历史的最基本的原则和制度就不再进步了。历史真的会终结吗？习近平总书记给出了答案："历史没有终结，也不可能被终结。中国特色社会主义是不是好，要看事实，要看中国人民的判断，而不是看那些戴着有色眼镜的人的主观臆断。"[1]

事实胜于雄辩。近几年，世界形势中一个最突出的现象便是"西方之乱"与"中国之治"。从 2008 年全球金融危机爆发到美国民众"占领华尔街"运动，从美国政府"停摆"到法国"黄马甲"运动，在西方世界，金融危机、债务危机、难民危机、恐怖危机等持续蔓延，逆全球化、反全球化、民粹主义等势力开始抬头，"美国优先"、英国"脱欧"等事件导致西方内部秩序渐显分裂，"西方之乱"已成为全球发展

〔1〕习近平：《在庆祝中国共产党成立 95 周年大会上的讲话》，《人民日报》2016 年 7 月 2 日。

不稳定性、风险性加剧的主要根源，而与之形成鲜明对比的是中国发展普惠世界。改革开放 40 多年来特别是党的十八大以来，在以习近平同志为核心的党中央领导下，中国特色社会主义各方面事业发展取得了举世瞩目的成就，社会生产力水平显著提高，重大科技创新成果相继问世，人民生活水平不断提高。在取得自身发展的同时，我国积极参与全球治理，不断为全球治理提供多样化的公共产品，助力其他国家解决发展困境、摆脱落后发展。近些年，中国对世界经济增长的贡献率不断提升，已超欧美国家、日本等发达国家的贡献总和。"中国之治"与"西方之乱"的鲜明对比，充分彰显了中国特色社会主义制度的优越性与包容性。

　　中国为什么能够创造出让世界惊叹不已的发展奇迹？很关键的一点就是中国特色社会主义制度的先进性和优越性。2016 年，习近平总书记在庆祝中国共产党成立 95 周年大会上的讲话中指出："中国特色社会主义制度是当代中国发展进步的根本制度保障，是具有鲜明中国特色、明显制度优势、强大自我完善能力的先进制度。"[1]改革开放以来，我们始终抓住完善和发展中国特色社会主义制度这个关键，为解放和发展社会生产力、解放和增强社会活力、永葆党和国家生机活力提供了有力保证。

---

〔1〕习近平：《在庆祝中国共产党成立 95 周年大会上的讲话》，《人民日报》2016 年 7 月 2 日。

一、政治制度没有突然搬来的"飞来峰"

习近平总书记在庆祝全国人民代表大会成立 60 周年大会上指出："设计和发展国家政治制度，必须注重历史和现实、理论和实践、形式和内容有机统一。要坚持从国情出发、从实际出发，既要把握长期形成的历史传承，又要把握走过的发展道路、积累的政治经验、形成的政治原则，还要把握现实要求、着眼解决现实问题，不能割断历史，不能想象突然就搬来一座政治制度上的'飞来峰'。"[1] 历史和现实反复证明，只有扎根本国土壤、汲取充沛养分的制度，才最可靠，也最管用。习近平总书记在党的十九大报告中再次强调："中国特色社会主义政治发展道路，是近代以来中国人民长期奋斗历史逻辑、理论逻辑、实践逻辑的必然结果，是坚持党的本质属性、践行党的根本宗旨的必然要求。世界上没有完全相同的政治制度模式，政治制度不能脱离特定社会政治条件和历史文化传统来抽象评判，不能定于一尊，不能生搬硬套外国政治制度模式。"

（一）中国特色社会主义制度符合社会主义本质

社会主义制度是合乎社会历史发展规律的必然产物，是崭新的、"迄今为止最好的制度形态"，而中国特色社会主义制度是极大促进生产力发展和人民幸福的有效制度。正如邓小平所说："我们建立的社会

[1] 习近平：《在庆祝全国人民代表大会成立 60 周年大会上的讲话》，《人民日报》2014 年 9 月 6 日。

主义制度是个好制度，必须坚持。我们马克思主义者过去闹革命，就是为社会主义、共产主义崇高理想而奋斗。现在我们搞经济改革，仍然要坚持社会主义道路，坚持共产主义的远大理想，年轻一代尤其要懂得这一点。"[1]

社会主义的发展由空想到科学经历了十分艰难的过程，空想社会主义是资本主义生产方式产生和成长时期剥削者和被剥削者之间对立的反映，空想社会主义者深刻批判和揭露了资本主义虚伪自由平等下的剥削本质，通过设计和期盼建立一个完美的"人人平等幸福"的理想世界来代替资本主义制度，但是由于缺乏对于人类社会发展规律和现实的本质认知，其理论只能流于空想，而无法实现。马克思、恩格斯立足现实的基础，深刻剖析了资本主义的内在矛盾，科学地阐明了社会主义的本质及其意义，提出了社会的发展规律是"社会主义终将取代资本主义"，将社会主义由天上拉回了人间，由空想转变为科学。

科学的社会主义必然是合规律性和合目的性（价值性）的有机统一，合规律性是指社会主义比资本主义更符合人类社会发展规律的本质和要求，更有利于解放和发展社会生产力；合目的性是指社会主义在解放和发展生产力的基础上，着力消灭剥削和消除两极分化，实现社会公平正义，促进人的自由全面发展。从实际意义上讲，科学社会主义的基本价值原则正是其合规律性和合目的性的价值体现，当这些基本价值

<hr>

[1] 邓小平：《政治上发展民主，经济上实行改革》，《邓小平文选》第三卷，人民出版社1993年版，第116页。

原则与中国实际相结合，中国特色社会主义制度便彰显了无可比拟的优越性。

（二）中国特色社会主义制度立足社会主义初级阶段现实实际

任何制度形式都是人类社会实践活动的产物，是以一定的社会物质资料生产方式为基础建立起来的，马克思指出："在人们的生产力发展的一定状况下，就会有一定的交换和消费形式。在生产、交换和消费发展的一定阶段上，就会有相应的社会制度形式、相应的家庭、等级或阶级组织，一句话，就会有相应的市民社会。有一定的市民社会，就会有不过是市民社会的正式表现的相应的政治国家。"[1]

同样，中国特色社会主义制度也必然是依据一定的实践基础才得以产生的，这个实践基础就是社会主义初级阶段的现实国情和建设实践。制度的形成和演化总是以一定时期内稳定的客观需要为前提的，而中国特色社会主义制度的产生需要便是对旧制度模式的扬弃，这种"旧制度模式"便是所谓的苏联模式。在新中国成立初期，苏联模式作为当时社会主义的唯一模式被中国等其他社会主义国家所"移植"，高度集中的苏联模式确实在中国社会主义建设初期发挥了重要作用，但其单一僵化的体制弊端逐渐成为社会发展的桎梏。也正是基于此，在对苏联模式的不断扬弃中、在改革开放的不断实践探索中，中国特色社会主义制度体系得以产生，并不断完善发展。

---

〔1〕马克思：《致帕维尔·瓦西里耶维奇·安年科夫》，《马克思恩格斯选集》第四卷，人民出版社2012年版，第408页。

中国特色社会主义制度的完善和发展离不开以问题为导向的实践创新的有力推动。从实际问题中来，到实际问题中去，从发现问题到解决问题，是中国制度完善和发展所依据的基本实践原则。中国特色社会主义制度的完善和发展便是源于寻求对现实生活中实际问题的解决。改革开放以后，生产力迅速发展，但由于全球化和其他各种因素的交织影响，效率与公平、平等与秩序、政府与市场等各种价值冲突也逐渐凸显出来，这些矛盾成为中国特色社会主义制度不断创新和完善的着力点，为中国特色社会主义制度体系的完善和发展提供了基本动力。

中国特色社会主义制度体系的完善和发展总是植根于一定的文化土壤，只有与该国家和地区的现实状况和文化底蕴相契合的制度才能茁壮成长。中国特色社会主义制度的形成正是将马克思主义普遍真理与中国具体实际、中华文化相结合的重大理论创新的现实成果，是对"内生"或"移植"这一制度选择困境的消解，是对西方制度体系的批判和超越。比如，作为中国特色社会主义根本政治制度的人民代表大会制度，便是马克思主义国家政权理论与中国具体实际相结合的成果，民族区域自治制度便是马克思主义民族理论与中国多民族的实际情况相结合的产物。

（三）中国特色社会主义制度合乎时代发展要求

任何制度都是一定历史阶段的产物，是随着社会发展而不断生成演化的。时势造英雄，时势也必然造就制度，只有具有顺应时代潮流、符合时代发展要求的制度才是好的制度，而中国特色社会主义制度便是在顺应时代潮流、回应时代挑战、解决时代问题中应运而生的。

中国特色社会主义制度体系演化的特殊时代背景，便是经济全球化以及资本主义制度和社会主义制度的"两制"并存。

1. 经济全球化

经济全球化是人类社会发展的必然阶段，是走向马克思所说的"世界历史"的必然环节。在经济全球化背景下，民族、地域、国家的界限不断被打破，合作与交流、和平与发展成为时代的潮流和主题。但经济全球化对于发展中国家来说，犹如一把双刃剑，充满了机遇和挑战。经济全球化背景下所形成的国际秩序是由西方发达资本主义国家所主导的，在更多时候，会成为西方资本主义国家转嫁国内危机和矛盾、推广其文化和制度模式、维护其霸权地位的工具和手段。因此，我们必须审时度势地把握国际形势的风云变幻，既不能简单抵制，也不能简单迎合。

2. "两制"并存

"两制"并存，即资本主义制度与社会主义制度在全球化背景下长期并存、互相影响。资本主义制度已步入中年时期，其弊端和内在病理也不断凸显。但在与社会主义制度的并存与互动中，资本主义制度也不断通过吸收和借鉴社会主义模式中诸多推进社会和谐发展的策略和体制，对自身模式进行修正，缓解了其发展中的病痛。同样，处于社会主义初级阶段的中国，更是以求同存异、包容开放的姿态对待人类的一切文明成果，将其中的精华融入中国特色社会主义制度的发展和创新之中。正如邓小平所指出的："社会主义要赢得与资本主义相比较的优势，就必须大胆吸收和借鉴人类社会创造的一切文明成果，吸收和借鉴当今世界各国包括资本主义发达国家的一切反映现代社会化生产规律的先进经营方式、管理方法。"[1]

二、中国奇迹彰显制度优势

2015 年，一张照片在网上被国人刷屏，照片中一个穿着凯蒂猫背心的小女孩牵着一个海军女战士的手走在被战火摧残后的也门亚丁港，轻松得像是去游玩。这是也门撤侨事件中的一幅动人的画面。2015 年 3 月 26 日，以沙特阿拉伯为首的海湾国家联军在也门发动了打击胡塞武装的军事行动，当地局势陡然紧张，侨民安全受到严重威胁。时任中国外交部领事司司长黄屏紧急主持召开部际协调会，商讨撤侨方案，各单位很快达成共识。接到通知后，中国驻也门使领馆和身在国内的外交部工作人员立即进入状态，开始了 24 小时不间断工作。随着习近平主席一声令下，正在亚丁湾执行护航任务的临沂舰、潍坊舰和微山湖舰当即改变任务，向也门相关海域高速机动，并在最短时间内完成舰艇靠泊、人员核准登舰、舰艇和登陆港口安全警戒、生活保障、卫生防疫等一切准

---

〔1〕邓小平：《在武昌、深圳、珠海、上海等地的谈话要点》，《邓小平文选》第三卷，人民出版社
　　1993 年版，第 373 页。

备。在也门撤侨行动中，中国政府从也门撤出中国公民 600 多人，共协助来自 15 个国家的 279 名外国公民安全撤离。[1]

这次撤侨行动使中国人民备感祖国的强大和温暖，也充分彰显了中国特色社会主义制度的价值优越性。电影《红海行动》《战狼Ⅱ》便是根据此事件改编的。

习近平总书记指出，中国特色社会主义制度，"这样一套制度安排，能够有效保证人民享有更加广泛、更加充实的权利和自由，保证人民广泛参加国家治理和社会治理；能够有效调节国家政治关系，发展充满活力的政党关系、民族关系、宗教关系、阶层关系、海内外同胞关系，增强民族凝聚力，形成安定团结的政治局面；能够集中力量办大事，有效促进社会生产力解放和发展，促进现代化建设各项事业，促进人民生活质量和水平不断提高；能够有效维护国家独立自主，有力维护国家主权、安全、发展利益，维护中国人民和中华民族的福祉"[2]。

（一）集中力量办大事

邓小平说过，中国社会主义制度的明显优越性便是"集中力量办大事"。习近平总书记也多次强调，坚定不移走中国特色自主创新道路。这条道路是有优势的，最大的优势就是我国社会主义制度能够集中力量办大事，这是我们成就事业的重要法宝，过去我们搞"两弹一星"等靠的是这一法宝，今后我们推进创新跨越也要靠这一法宝。

---

[1] 参见《祖国就在我们身后》，《光明日报》2017 年 10 月 9 日。
[2] 习近平：《在庆祝全国人民代表大会成立 60 周年大会上的讲话》，《人民日报》2014 年 9 月 6 日。

中国特色社会主义制度能集中力量办大事，离不开党的坚强有力领导，离不开科学有效的民主决策机制。民主与集中的有机结合，不仅有利于统筹协调各方面的利益，而且能够有效地整合社会资源。我国宪法明确规定，中华人民共和国的国家机构实行民主集中制的原则。实行民主集中制，不仅是中国特色社会主义的制度特点，而且是中国共产党执政的制度优势。这一制度安排保证了中国能办大事，能办成许多国家办不了的大事。

2016年，一个瑞士小伙将自己乘坐京沪高铁时的一段视频上传到互联网上，视频中小伙在时速高达300多千米的高铁列车窗台上放置了一枚硬币，硬币竟然能够屹立8分钟而不倒。一石激起千层浪，国内外网友都沸腾了。镜头转到1978年，邓小平坐在日本新干线高速列车上内心复杂、感慨万千，当时中国铁路营业里程仅有5.17万千米，平均时速还不到40千米，而他所乘坐的日本新干线高速列车当时已经达到时速240千米。可到2017年年底，中国铁路营业里程就已经达到了12.7万千米，较1978年增长了145%，其中高铁2.5万千米，占了世界高铁总里程的2/3，居世界第一位。中国铁路的高速发展便是中国特色社会主义制度能够集中力量办大事的最好彰显。

新中国成立70年来，利用集中力量办大事这一优势，我们办了许多经济发展方面的大事，国内生产总值由1952年的679亿元跃升至2017年的82.7万亿元，1978—2017年年均增长9.5%，中国经济总量占世界经济的比重由1978年的1.8%上升到2017年的15%左右，成为世界第二大经济体，对世界经济增长的贡献率超过 30%；办了许多基础设施方面的大事，信息畅通、公路成网、铁路密布、高坝矗立、西气东输、南水北调、高铁飞驰、巨轮远航、飞机翱翔、天堑变通途；办了许多民生方面的大事，改革开放以来，从稳定解决十几亿人的温饱问题，到总体上实现小康，再到决胜全面建成小康社会，人民生活水平不断迈向新台阶，幸福感、获得感、安全感不断增强，尤其是党的十八大之后的五年间，我国实现 6000 多万贫困人口稳定脱贫，贫困发生率从 10.2% 下降到 4% 以下；办了许多科技方面的大事，"两弹一星"、人工合成牛胰岛素结晶、天宫、蛟龙、天眼、悟空、墨子、大飞机等重大科技成果相继问世，自主创新能力大幅提升。

（二）实现人民当家作主

在"窑洞对"中，毛泽东在回答黄炎培先生提出的中国共产党能否跳出历史周期率这一问题时指出，我们已经找到了一条新路，这条新路就是民主。我们的民主之"新"，就在于我们的民主既不同于古希腊的直接民主，也不同于近现代西方的代议制民主，而是真正的人民民主，是真正的人民当家作主，这是社会主义民主政治的核心价值理念。中国特色社会主义的人民民主与西方的民主有着本质的不同，比如，西方的民主监督是西方传统"主体—客体"二元对立思维下的以竞争为目的的监督，其政党间的关系本质上是一种"上下交征利"的分裂和对抗关系，监督只是为了争夺执政地位，目的是搞垮对方，获得自身党派利益，而这也是西方"分裂性政治"的一个主要体现。对于这一点，我们从霍布斯的"丛林假定"到施密特的"敌友问题"中都可以找到其"分裂性政治"的思想根源。这也是西方国家政党危机、治理赤字等诸多问题的主要源头。而我国的民主监督则是一种"共生性"的协商式民主监督，是基于"公心"的政党间的合作，执政党和各民主党派之间具有根本利益的一致性，即为了更好地维护和保障最广大人民群众的根本利益，为了改善和加强党的领导，为了协调各方、统筹全局，促进社会主义事业更好发展。

坚定人民立场，保障人民当家作主，一切为了人民，一切依靠人民，全心全意为人民谋利益，是中国特色社会主义制度的根本价值取向。这一核心价值理念为中国特色社会主义各项事业的发展凝聚着源源不断的伟大的人民力量。在我国，人民代表大会制度、中国共产党领导的多党合作和政治协商制度、民族区域自治制度、基层群众自治制度构成的民主政治制度体系，切实保障了人民当家作主。中国特色社会主义民主政治制度之所以能够实现"良政"和"善治"，根源便在于我们党和国家始终以最广大人民群众的根本利益为出发点和归宿，充分激发人民群众的积极性和创造力。正如习近平总书记在庆祝中国共产党成立95周年大会上所指出的："全党同志要把人民放在心中最高位置，坚持全心全意为人民服务的根本宗旨，实现好、维护好、发展好最广大人民根本利益，把人民拥护不拥护、赞成不赞成、高兴不高兴、答应不答应作为衡量一切工作得失的根本标准，使我们党始终拥有不竭的力量源泉。"[1]

（三）解放和发展生产力

马克思、恩格斯明确指出："人们为了能够'创造历史'，必须能够生活。但是为了生活，首先就需要吃喝住穿以及其他一些东西。因此第一个历史活动就是生产满足这些需要的资料，即生产物质生活本身。"[2]这个客观事实构成"一切人类生存的第一个前提"，因而"也就是一切历史的第一个前提"[3]，撇开这个前提，就谈不上社会的存在和发展。生产力的发展决定着制度的变革和创新，这是历史唯物主义的基本观点。但是同时，作为上层建筑的社会制度，对于社会生产力的发展也有着不可替代的影响和作用。生产力和社会制度二者之间存在着内在的辩证统一关系：一方面，生产力对社会制度的变革和发展起着最终的决定作用；另一方面，社会制度对生产力的解放和发展也具有能动的保障作用。

邓小平在论述当代中国制度改革的成败得失时，提出了"三个有利于"标准，即制度的优越、合理与否"应该主要看是否有利于发展社会主义社会的生产力，是否有利于增强社会主义国家的综合国力，是否

---

[1] 习近平：《在庆祝中国共产党成立 95 周年大会上的讲话》，《人民日报》2016 年 7 月 2 日。
[2] 马克思、恩格斯：《德意志意识形态》，《马克思恩格斯选集》第一卷，人民出版社 2012 年版，第 158 页。
[3] 马克思、恩格斯：《德意志意识形态》，《马克思恩格斯选集》第一卷，人民出版社 2012 年版，第 158 页。

有利于提高人民的生活水平"[1]。江泽民也指出，衡量中国的政治制度和政党制度，最根本的是要从中国的国情出发，从中国革命、建设和改革实践的效果着眼，一是看能否促进社会生产力的持续发展和社会全面进步；二是看能否实现和发展人民民主，增强党和国家的活力，保持和发挥社会主义制度的特点与优势；三是看能否保持国家政局的稳定和社会安定团结；四是看能否实现和维护最广大人民的根本利益。习近平总书记在庆祝改革开放40周年大会上的讲话中强调："必须坚持完善和发展中国特色社会主义制度，不断发挥和增强我国制度优势。改革开放40年的实践启示我们：制度是关系党和国家事业发展的根本性、全局性、稳定性、长期性问题。我们扭住完善和发展中国特色社会主义制度这个关键，为解放和发展社会生产力、解放和增强社会活力、永葆党和国家生机活力提供了有力保证，为保持社会大局稳定、保证人民安居乐业、保障国家安全提供了有力保证，为放手让一切劳动、知识、技术、管理、资本等要素的活力竞相进发，让一切创造社会财富的源泉充分涌流不断建立了充满活力的体制机制。"[2]

在前进道路上，我们必须毫不动摇巩固和发展公有制经济，毫不动摇鼓励、支持、引导非公有制经济发展，充分发挥市场在资源配置中的决定性作用，更好发挥政府作用，激发各类市场主体活力。通过制度的创新和完善，不断增强社会活力，极大地解放和发展社会生产力。

---

[1] 邓小平：《在武昌、深圳、珠海、上海等地的谈话要点》，《邓小平文选》第三卷，人民出版社1993年版，第372页。
[2] 习近平：《在庆祝改革开放40周年大会上的讲话》，《人民日报》2018年12月19日。

三、坚定制度自信，不断推进国家治理体系和治理能力现代化

改革就是社会主义制度的自我完善。党的十八届三中全会确立的全面深化改革总目标是不断完善和发展中国特色社会主义制度，推进国家治理体系和治理能力现代化。习近平总书记指出："从形成更加成熟更加定型的制度看，我国社会主义实践的前半程已经走过了，前半程我们的主要历史任务是建立社会主义基本制度，并在这个基础上进行改革，现在已经有了很好的基础。后半程，我们的主要历史任务是完善和发展中国特色社会主义制度，为党和国家事业发展、为人民幸福安康、为社会和谐稳定、为国家长治久安提供一整套更完备、更稳定、更管用的制度体系。这项工程极为宏大，零敲碎打调整不行，碎片化修补也不行，必须是全面的系统的改革和改进，是各领域改革和改进的联动和集成，在国家治理体系和治理能力现代化上形成总体效应、取得总体效果。"[1]中国特色社会主义制度的不断自我完善是我们坚定制度自信的基础，同时，坚定的制度自信也是我们坚定不移深入推进全面深化改革的根本勇气。正如习近平总书记所指出的："没有坚定的制度自信就不可能有全面深化改革的勇气，同样，离开不断改革，制度自信也不可能彻底、不可能久远。我们全面深化改革，是要使中国特色社会主义制度更好；我们说坚定制度自信，不是要固步自封，而是要不断革除体制机制弊端，

---

[1] 中共中央文献研究室编：《习近平关于全面深化改革论述摘编》，中央文献出版社2014年版，第27页。

让我们的制度成熟而持久。"[1]

（一）推动国家治理体系现代化

不断完善制度是保证中国特色社会主义制度价值不断彰显的根本途径。党的十八届三中全会提出全面深化改革的总目标就是完善和发展中国特色社会主义制度。要在深化改革进程中不断破除不适应实践发展要求的各方面体制机制弊端，构建更加完善、更加科学、更加有效的制度体系，而构建的核心便是推进国家治理体系和治理能力现代化。国家治理体系和治理能力是国家制度和制度执行能力的集中体现，国家治理水平是检验一种社会制度是否完善、成熟定型的重要标志。

国家治理体系是一套完整协调的制度体系，主要是指党领导人民管理国家事务的一整套体系，包括政治、经济、文化、社会、生态以及党的建设等各领域的体制机制和法律法规安排。推进国家治理体系现代化必须全面推进各方面体制改革，主要包括经济体制改革、政治体制改革、文化体制改革、社会体制改革、生态体制改革五个方面。而全面深化改革、推进国家治理体系现代化，必须处理好政府和市场、政府和社会的关系，推进国家法治建设。

1.处理好政府和市场的关系

处理好政府和市场的关系，关键在于深入推进经济体制改革。党的

---

[1] 中共中央文献研究室编：《习近平关于全面深化改革论述摘编》，中央文献出版社2014年版，第22页。

十八届三中全会明确指出，要尊重市场规律，使市场在资源配置中发挥决定性作用，以及更好地发挥政府的作用。由"决定性"代替了"基础性"，是党对社会主义市场经济认识的又一次飞跃，随着市场体制机制的不断完善，市场在资源配置中的作用也越来越明显。同时，要加强科学管理，更好发挥政府的作用。政府作为"看得见的手"，应与市场那只"看不见的手"协调配合，把握好全局性、战略性、前瞻性的问题，弥补市场失灵，两者有机结合，协同互补，更好地把中国特色社会主义市场和政府的优势充分彰显出来。

2. 处理好政府和社会的关系

处理好政府和社会的关系，关键是要限制公共权力和推进社会治理体系改革，而对于公共权力的限制则是更为主要的方面。加强对公共权力的限制要从两个方面着手：一是要加强社会对公共权力的监督，要实现权力在阳光下运行，必须扩大民众的民主参与，让广大民众参与到对政府权力运行的监督当中去，让政府权力的运行更加公开化、透明化。同时，还要不断推动各方面制度的完善，加强对权力监督的强制性、长期性和有效性。二是要不断推进社会治理体系改革。推动社会治理体系改革的关键是要实现治理主体由政府一元主导向由政府主导、社会及民众多元共同治理的转变，要积极发挥社会组织、广大民众在社会治理中的重要作用，通过政府、社会组织与广大民众之间的良性互动，形成合力，逐步推进社会和谐安定、良性发展的进程。

3. 推进国家法治建设

完善国家法治体系，推进法治国家、法治政府、法治社会一体建设。法治是现代国家治国理政的基本方式。国家治理的现代化，有赖于各个领域的法治化。人民民主是社会主义的本质要求，坚持党的领导、人民当家作主、依法治国的有机统一，发展更加广泛、更加充分的人民民主是政治体制改革的根本目标。

第一，发挥人民代表大会制度的根本制度作用，推进协商民主广泛多层制度化发展，发展基层民主。

第二，推进法治中国建设。维护宪法法律的最高权威，使全体公民依法享有广泛权利和自由。其中，最主要的是推进深化司法体制改革，维护好司法制度的权威和公正，做到有法必依、执法必严、违法必究。

第三，继续深化行政执法体制改革，确保依法独立公正行使审判权和检察权，完善人权司法保障制度。司法改革的重心在于对权力的制约和监督，要把权力关进制度的笼子里，正确使用权力，使权力能更好地为人民利益服务。

（二）推进国家治理能力现代化

国家治理能力是指运用制度体系管理国家和社会各方面事务的能力，包括治党治国治军、促进改革发展稳定、维护国家安全利益、应对重大突发事件、处理各种复杂国际事务等方面的能力。治理体系与治理能力二者之间是相辅相成、密不可分的。一方面，治理体系是治理能力形成的基础，治理能力的提升有赖于治理体系的建构和完善；另一方面，治理能力彰显治理体系的功能，治理能力强大是治理体系完备的表现，只有不断提升治理能力，才能充分发挥治理体系的效能。

推进治理能力现代化的关键是推进党的执政能力现代化。提升党的执政能力，一方面，要坚持科学执政、民主执政、依法执政这一根本执政理念，三者的关系是辩证统一的。科学执政是基本前提，民主执政是本质所在，依法执政是基本途径，三者统一于党执政的科学化、民主化和法治化的实践活动和历史进程中。另一方面，要着力提升广大党员干部各方面的能力和素质。习近平总书记告诫全党"打铁必须自身硬"，表明了"从严治党、惩治腐败"的决心，并要求各级领导干部对自身存在的问题要有清醒的认识，从解决自身存在的问题入手下大气力加强自身建设，不断提高应对风险和挑战的能力和本领。提升广大党员干部的执政能力和素质要从三个方面着手。

1. 提升广大党员干部的学习能力

树立先进学习理念，促进学习自主自觉，注意抓好理论性学习，深入学习党的基本理论、基本政策、基本经验，用理论武装头脑；注重应用性学习，积极学习履行岗位职责的新知识、新技能，广泛学习现代化建设所需的经济、政治、文化、科技、社会和国际等方面的知识，对关系改革发展全局性、体制性、战略性的问题深入思考，不断开阔视野，把握当今世界发展趋势和改革发展方向；加强制度保障，建立学习长效机制。提升广大党员干部的学习能力，是一个长期的系统工程，需要用制度管学习、促学习，建立健全各种学习配套保障制度，构建推动学习长效机制，将学习由"软要求"转变为"硬约束"，推动学习走向科学化、制度化、常态化。

2. 提升广大党员干部的创新能力

（1）提升理论创新能力

理论创新是推动社会发展的思想动力，新民主主义革命的胜利和社会主义建设取得的伟大成绩，正是源于我们党始终坚持解放思想，针对现实中遇到的新问题，在实践中不断丰富发展马克思主义理论，用以更好地指导新的实践。提升广大党员干部的理论创新能力，就是要求广大党员干部必须学会运用马克思主义的立场观点方法准确把握国内国外发展态势，既要准确把握世界潮流，又要准确把握中国特色社会主义建设的基本规律和发展趋势，通过不断对改革经验进行凝练提升，不断推动实践基础上的理论创新，永葆科学理论的旺盛生命力。

（2）提升实践创新能力

实践创新是推动社会发展的根本动力。中国特色社会主义事业是一项前无古人的事业，作为一项全新的事业，必然要有开拓创新的实践精神。从独立自主、自力更生，到"摸着石头过河"、加强"顶层设计"，中国特色社会主义道路一直在实践开拓中前行。现阶段，全面深化改革已步入了攻坚期、深水区，面临着更为复杂的情况和挑战，我们党应审时度势，从现阶段的实际出发，不断推进国家治理体系和治理能力现代化的实践创新之路。

（3）提升制度创新能力

制度创新是推动社会发展的直接动力。中国特色社会主义制度的发展和完善必须依靠制度创新的推动，从某种意义上讲，加强制度创新是推动中国特色社会主义制度不断发展完善的动力源泉，是党和国家充满生机和活力的根本保证。

3. 提升广大党员干部的服务能力

提升广大党员干部的服务能力，关键就是要坚持"为民、务实、清廉"的工作作风，提高服务群众工作的能力。"为民"是广大党员干部必须坚持的服务意识，是提高党的执政能力的出发点和落脚点，必须走群众路线，发动人民群众，依靠人民群众；"务实"是广大党员干部必须坚持的服务途径，要深入群众，深入基层，摸清群众需求，多为群众解决实际问题；"清廉"是广大党员干部必须坚持的服务本色，清廉使人刚直不阿，共产党人要心系群众，自觉无悔地为人民事业奋斗。

（三）培育制度文化

文化是人类物质实践的产物，从其本质上讲，它是一种社会意识形态，作为一个复杂的系统，文化蕴含了物质文化、制度文化和精神文化三个层次。这三个层次构成了文化所包含的全部内容。

在这三个层次之中，制度文化起着重要的中介作用，一方面，制度文化是物质文化的工具和精神文化的产物；另一方面，制度文化又反作用于物质文化和精神文化。这种反作用表现为制度文化的变迁，作为社会各种制度规则体系的反映，既可以制约物质文化和精神文化的发展，也可以推动物质文化和精神文化的发展。因此可以说，制度文化的变迁牵动着整个文化体系的变迁，文化体系的变迁总会通过制度文化的变迁而表现出来。制度文化与物质文化、精神文化不同，制度文化表现的是制度所承载的道德、思想等文化层面与规则层面的内在一致性。制度文化与制度也不同，制度承载着制度文化，从某种意义上讲，制度是文化实现自身发展和整合而逐渐发展出的体系，两者总是紧密地联结在一起。如英国学者马林诺夫斯基所说："如果我们要对自己的文明或任何其它文明中个体的存在作一描述，就得将个体的活动与组织化生活的配置，即与盛行于该文化中的制度系统联系起来。另外，依据具体现实对任何文化的最佳描述都在于列举和分析组成该文化的所有制度。"[1]

制度文化从其内容上讲，应当包含基本、高级和实施机制三个层面。制度文化的基本层面是制度文化的初始形态，或者说是最简单的形态，制度文化基本层面是人类在实践活动中自发形成的，主要包括传统、习惯、经验等方面，具有历史继承性的特征；制度文化的高级层面可以说是制度文化的实体层面，它指人类对制度的理性设计和建构，具有很强的规范性；制度文化的实施机制层面则主要指前两种制度文化得以发挥作用的中介。三者协调统一，推动着制度文化功能的实现。

中国特色社会主义的制度文化是当代中国主导的制度文化。毛泽东

---

[1]〔英〕马林诺夫斯基著：《科学的文化理论》，黄剑波等译，中央民族大学出版社1999年版，第61页。

思想对社会主义制度文化进行了最初的构建，通过对中国传统和西方制度文化的扬弃，初步建立了以民族性、科学性、大众性、民主性为内涵特征的社会主义制度文化，增强了民众对社会主义制度文化的认同感。党的十一届三中全会以后，邓小平理论推动了中国特色社会主义制度文化的进一步确立，通过发展社会主义民主、法治，促使了民主意识、法治观念、参与精神等制度文化理念的形成。"三个代表"重要思想在此基础之上，坚持依法治国与以德治国相结合，并确立了党的领导、人民当家作主、依法治国三者有机统一的中国特色社会主义制度文化发展思路，指引了中国特色社会主义制度文化的发展方向。党的十六届三中全会之后，科学发展观等重大战略思想的确立开创了当代中国制度文化发展的新境界，从注重社会主导制度文化与亚文化的一元主导、多元共生发展，到不断提高公民的民主意识、法治观念、参与能力等制度文化素养，确立实现以人的全面发展和实现民主、自由、平等等人类社会基本价值为总体目标的全面发展观。

中国特色社会主义制度完善和发展离不开对当代中国制度文化的培育和完善，对当前中国制度文化的培育应当从引导制度亚文化和培育制度意识两个方面进行。

1. 引导制度亚文化

引导制度亚文化，实现转型时期主导制度文化和制度亚文化的多元互动和吸收借鉴。所谓制度亚文化，简单地说，是指在社会中处于非主导地位的并对制度体系起到一定影响作用的制度意识和文化价值理念。

当代中国的制度亚文化一般指的是传统制度文化和西方舶来制度文化。中国传统制度文化是指在中国传统社会经济基础之上形成的以家国同构为基础、权力本位为取向、等级秩序为目的的制度文化，其承载积淀的诸如臣民意识、等级观念、人治大于法治等传统糟粕应当剔除，但其蕴含的民本、和谐思想以及诸如仁义礼智信等道德伦理规范在当代中国仍具有积极的意义。而西方制度文化则主要是指以资本主义制度为载体的文化价值理念。在当代世界，西方制度文化有着重要影响力，诸如自由、民主、人权等理念被宣称为具有普世性的价值，影响着发展中国家的制度文化理念，对此我们要批判地吸收借鉴。引导制度亚文化，应遵循三个原则。

（1）协调原则

多元的、多层次的文化主体有着不同的价值观念，产生不同的利益表达，只有按照民主法治的要求，协调好主导文化主体与各种亚文化主体之间、各种亚文化主体之间的利益关系，才能更好地保障社会公平正义、和谐有序发展。

（2）客观原则

制度亚文化产生和发展有其客观必然性，各种制度文化之间的矛盾冲突也有其客观必然性。由于处于社会转型的过渡时期，当代中国社会利益结构表现出多元化的特征，各种制度文化之间容易产生碰撞和摩擦。因此，应认识到制度亚文化存在的客观性，各种制度文化之间容易产生碰撞、摩擦的现实必然性，以包容并举的方式促进各种亚文化主体对社会主义制度的认同。

（3）主导原则

引导制度亚文化，必须坚持中国特色社会主义制度文化的主导地位。以主导制度文化的核心价值理念和社会理想规划为指向和导引，正确引导和整合社会中存在的各种制度亚文化，保持各种价值取向之间合理的张力，促进社会发展。

2. 培养制度意识

（1）培养整个社会的制度意识

制度意识是制度是否有效和得以执行的关键所在，再好的制度，如果缺少具有制度意识的环境，也会流于形式。没有了制度意识，制度执行者也就不按制度办事，制度遵守者也不会自觉地维护和服从制度。制度意识作为社会意识的一种，是人们对现行制度及各种制度现象的观点、知识和心理态度的总称，表现为尊重、信任、遵守和自觉维护制度规范的心态。当前我国制度意识的培养应从以下两个方面着手。

首先，培养制度权威意识。制度作为一种规范化、稳定化的规则体系，通过约束人们的行为来维护社会的稳定和发展。制度形成之初，便具有了一定的强制性和权威性。强化制度的权威意识，可以树立人们对于制度的敬畏之心，能从内心深处去自觉遵守制度。

其次，培养制度平等意识。培养制度平等意识是为了根除传统社会遗留的等级意识和特权意识，不是"刑不上大夫"，而是制度面前人人平等，无论是国家行政人员、社会精英，还是社会大众，只要违反了制度，打破了规则，都必须同样面临制度的惩罚和制约。

（2）培养制度规则意识

无规矩不成方圆。从某一方面讲，规则意识就是法治的基础。如果轻视规则，违法意识处在支配地位，遵守制度也就无从谈起。而对制度的自觉遵守就是一种规则意识，即人所具有的尊重规则、愿意自觉按照规则办事的思想认识。

（3）培养制度参与意识

长期以来，社会群体的制度参与意识比较淡薄。表现在多数人认为制度问题是政府的事，怎么制定、如何执行、谁来监督完全是政府分内的事，老百姓无须介入，也无权参与。对制度是否合法合理、执行是否到位等缺乏必要的参与评价、监督，导致制度的制定不时带有随意性，制度执行也失去了强有力的社会监督。所以应加强对制度的宣传，让社会大众更加了解制度的制定、内容、运行，并参与到对制度执行的监督和约束中去。

第六章

综合国力：强基固本的力量

改革开放 40 年的实践启示我们：解放和发展社会生产力，增强社会主义国家的综合国力，是社会主义的本质要求和根本任务。

——习近平在庆祝改革开放 40 周年大会上的讲话（2018 年 12 月 18 日）

综合国力决定着主权国家的国际地位，同时更是主权国家强基固本实现各方面事业顺利发展的重要基础。70年栉风沐雨，70载春华秋实。新中国成立以来，我国的综合国力显著增强，经济水平不断提升，目前，经济总量已稳居世界第二；科学技术突飞猛进，在很多方面已进入世界前列，天宫、蛟龙、天眼、墨子、大飞机等重大科技成果相继问世；国防和军队建设取得重大发展；国际地位日益提高，在国际事务中发挥着日益重要的作用，成为维护和促进世界和平与发展的坚定力量；等等。我国经济力量、人才力量和科技力量的显著提升为党和国家其他各项事业发展奠定了坚实基础。

一、坚持以经济建设为中心是兴国之要

生产力是社会发展的决定性力量，社会主义的本质就是解放和发展生产力。马克思、恩格斯对此作过深刻说明："我们首先应当确定一切人类生存的第一个前提，也就是一切历史的第一个前提，这个前提是：人们为了能够'创造历史'，必须能够生活。但是为了生活，首先就需要吃喝住穿以及其他一些东西。因此第一个历史活动就是生产满足这些

需要的资料，即生产物质生活本身。"[1]

（一）发展才是硬道理

位于广东省佛山市顺德区大良镇清晖路的清晖园博物馆，是中国十大名园之一，除了清雅优美的景致之外，这里的一尊高 2 米的邓小平铜像和铜像旁一对白猫、黑猫的雕像特别引人注目。这尊铜像是根据 1984 年邓小平在清晖园中散步的形象制作而成的，取名为"永恒的春天"，寄寓改革开放的春风将持续下去。一旁的白猫、黑猫雕像，寓意邓小平当年著名的"黑猫白猫论"。邓小平那句被亿万国人所熟知的"发展才是硬道理"正是在顺德提出来的。如今的顺德已成为全国最大的家电产品生产基地、全球最大的燃气具供应基地，连续两年位列中国市辖区百强首位，并被评为"2018 年度中国全面小康十大示范县市"。

1. 发展才是硬道理，是第一要务

历史唯物主义认为，人类社会发展是有规律的，即生产力决定生产关系，经济基础决定上层建筑。其中，生产力是最革命、最活跃的因素，生产关系一定要适应生产力的发展。因此，推进社会发展必须解放和发展生产力，解放和发展生产力是社会主义的本质。这也是以邓小平同志为主要代表的中国共产党人总结建设时期的经验教训得出的一个深刻的真理。贫穷不是社会主义，平均主义不是社会主义，发展太慢也不

---

[1] 马克思、恩格斯：《德意志意识形态》，《马克思恩格斯选集》第一卷，人民出版社 2012 年版，第 158 页。

是社会主义，"讲社会主义，首先就要使生产力发展，这是主要的。只有这样，才能表明社会主义的优越性。社会主义经济政策对不对，归根到底要看生产力是否发展，人民收入是否增加"[1]。

2. 社会主义也可以搞市场经济

思想的解放解开了市场经济姓"资"、姓"社"的死结，计划经济也好，市场经济也罢，只是资源配置的不同方式，社会主义和市场经济之间不存在根本矛盾。将社会主义与市场经济相结合，是当代中国发展过程中的一次伟大创举。从以"计划经济为主，市场调节为辅"到"发挥市场在资源配置中的基础性作用"，再到"发挥市场在资源配置中的决定性作用和更好发挥政府作用"，我国市场化改革的步伐不断推进，解放了传统计划经济体制对生产力的束缚，极大地激发了社会活力和创造力。同时，通过将"看不见的手"和"看得见的手"的作用有机统一、相互补充、相互协调、相互促进，有效地驾驭了市场资本的力量，有效地避免了市场经济自身存在的弊端和缺陷，保障了我国经济又好又快、全面可持续发展。

3. 改革开放是决定当代中国命运的关键一招

世界经济史上从来没有一个像中国这样人口众多的大国，能够达到如此高的长时期的经济增长。40多年来，我们始终坚持以经济建设为中

---

[1] 邓小平：《社会主义首先要发展生产力》，《邓小平文选》第二卷，人民出版社1994年版，第314页。

心，不断解放和发展社会生产力，取得伟大的发展奇迹。目前，我国是世界第二大经济体、制造业第一大国、货物贸易第一大国、商品消费第二大国、外资流入第二大国，外汇储备连续多年位居世界第一；我国国内生产总值（GDP）由 1978 年的 3679 亿元增长到 2017 年的 82.7 万亿元，年均实际增长 9.5%，远高于同期世界经济 2.9% 左右的年均增速；我国国内生产总值占世界生产总值的比重由改革开放之初的 1.8% 增长到 15%，对世界经济增长贡献率超过 30%，超欧美国家、日本等发达国家的贡献总和。

（二）不简单以 GDP 论英雄

矛盾无处不在，无时不有。经济发展本身也蕴含着一对矛盾："快"与"好"，简单地说，"快"就是指速度，"好"就是指质量。有人认为应当注重发展的速度，有人认为应当侧重发展的质量，谁是谁非，应当辩证地来看，事物发展的不同阶段其主要矛盾也会发生变化，主要矛盾的变化决定着事物发展的方式和目标的变化。

社会主义建设时期和改革开放初期，我国社会的主要矛盾是人民日益增长的物质文化需要同落后的社会生产之间的矛盾，矛盾的主要方面是落后的社会生产，因此提升发展速度、迅速提升社会生产力水平是我国当时的必然选择。随着我国社会生产力水平的不断提升，原来的"落后的社会生产"已经不符合我国发展的实际，人民群众的需求也不断扩展升级，我国的社会主要矛盾便转化为人民日益增长的美好生活需要和不平衡不充分的发展之间的矛盾，矛盾的主要方面转化为发展的不平衡不充分，这就要求我们必须着力提升发展的质量和效益。我们可以看到，党的十九大报告中就有一个突出的变化，"两步走"的战略安排没有再提国内生产总值翻番的目标，这并不意味着我们不再追求经济发展的速度了，而是在保持一定速度的同时更加注重科学发展，注重发展的质量和效益。

早在 2004 年，习近平同志在谈到政绩观问题时就指出："要看GDP，但不能唯 GDP。GDP 快速增长是政绩，生态保护和建设也是政绩；经济社会发展是政绩，维护社会稳定也是政绩；立竿见影的发展是政绩，打基础作铺垫也是政绩；解决经济发展中的问题是政绩，解决民生问题也是政绩。"[1] 2013 年，习近平总书记在湖南考察时再次强调："我们这么大个国家、这么多人口，仍然要牢牢坚持以经济建设为中心。同时，要全面认识持续健康发展和生产总值增长的关系，防止把发展简单化为增加生产总值，一味以生产总值排名比高低、论英雄。"[2]

"不简单以 GDP 论英雄"的本质就是坚持科学发展，坚持以人民为中心的发展，实现全面协调可持续的发展，使经济发展的成效惠及人民。改革开放以来，人民生活发生翻天覆地的巨大变化，幸福感、获得感不断提升。国家统计局公布的数据显示，2017 年全国居民人均可支配收入达到 25974 元，扣除价格因素，比 1978 年实际增长 22.8 倍；全国

---

〔1〕习近平：《要看 GDP，但不能唯 GDP》，《之江新语》，浙江人民出版社 2007 年版，第 30 页。
〔2〕习近平：《深化改革开放推进创新驱动 实现全年经济社会发展目标》，《人民日报》2013 年11 月 6 日。

居民人均财产净收入占全部可支配收入的比重达到 8.1%。居民生活条件不断改善，2017 年全国居民人均消费支出 18322 元，扣除价格因素，比 1978 年实际增长 18 倍，年均增长 7.8%。居住条件显著改善，2017 年城镇居民、农村居民人均住房建筑面积分别比 1978 年增加 30.2 平方米、38.6 平方米。

重视资源节约和环境保护，追求可持续发展、绿色发展。新中国成立以来，我们曾经在一段时间里采用过粗放型旧工业化发展模式，这是一种以牺牲环境和资源为代价换取经济增长的发展模式，其突出的问题便是高投入、高消耗、高污染、低质量、低效益、低产出。恩格斯在《自然辩证法》一文中深刻指出："我们不要过分陶醉于我们人类对自然界的胜利。对于每一次这样的胜利，自然界都对我们进行报复。"[1] 因此，我们必须准确把握并处理好经济发展同生态环境保护之间的关系。2013 年 9 月 7 日，习近平主席在哈萨克斯坦纳扎尔巴耶夫大学发表演讲时指出："我们既要绿水青山，也要金山银山。宁要绿水青山，不要金山银山，而且绿水青山就是金山银山。"[2] 保护生态环境就是保护生产力，关系人民福祉，关乎民族未来。

（三）建设现代化经济体系

建设现代化经济体系是我们推进全面深化改革、解决中国经济体系中深层次结构性问题、顺应现代化发展潮流、应对国际风险挑战、牢牢

---

〔1〕恩格斯：《自然辩证法》，《马克思恩格斯选集》第三卷，人民出版社 2012 年版，第 998 页。
〔2〕习近平：《在哈萨克斯坦纳扎尔巴耶夫大学发表重要演讲》，《人民日报》2013 年 9 月 8 日。

把握战略主动权的重大决策部署。

1. 深入贯彻落实新发展理念

创新是引领发展的第一动力，是我们实现经济腾飞的"撒手锏"，更是在新时代下我们应对经济风险挑战、增强经济发展动力、把握经济发展主动权的重要抓手，要着力实施创新驱动发展战略，始终把创新摆在国家经济发展全局的核心位置；注重协调发展，着力破解经济发展难题和发展短板，推动城乡经济、区域经济协调发展；注重绿色发展，绿水青山就是金山银山，着力构建人与自然和谐共生的生命共同体，坚定走生产发展、生活富裕、生态良好的文明发展道路；注重开放发展，要坚定奉行互利共赢的开放战略，坚持内外需协调、进出口平衡、引进来和走出去相结合，全面推进对外开放新格局；注重共享发展，着力推进全民共享、全面共享、共建共享、渐进共享，使发展成果惠及全体人民，同时也普惠世界。

2. 坚持以供给侧结构性改革为主线，推进高质量发展

习近平总书记指出："我国不是需求不足，或没有需求，而是需求变了，供给的产品却没有变，质量、服务跟不上。有效供给能力不足带来大量'需求外溢'，消费能力严重外流。解决这些结构性问题，必须推进供给侧改革。"[1]

---

[1] 习近平：《在省部级主要领导干部学习贯彻党的十八届五中全会精神专题研讨班上的讲话》，《人民日报》2016年5月10日。

推进供给侧结构性改革，必须把握好三点：供给侧结构性改革的根本目的是提高供给质量满足人民需要；主攻的方向是要通过"三去一降一补"五大任务减少无效供给、扩大有效供给；本质属性是深化改革，推进国有企业改革，加快政府职能转变，深化价格、财税、金融、社保等领域基础性改革。

二、科技创新是第一驱动力

1978 年，邓小平访问日本。走出国门，再次开眼看世界，让以邓小平同志为主要代表的中国共产党人深深感受到了我国与发达国家的巨大差距，同时也意识到了科学技术的进步对于经济社会发展的决定性作用，从而更加坚定了加快改革开放、推进科技进步的决心。在马克思看来，科学是一种在历史上起推动作用的、革命的力量。正是基于对当代科技发展的趋势和重要意义的研判，邓小平创新发展了马克思关于"科技是生产力"的思想，在 1988 年 9 月会见捷克斯洛伐克时任总统胡萨克时，提出了"科学技术是第一生产力"的著名论断。科技是国之利器，国家赖之以强，企业赖之以赢，人民生活赖之以好。中国要强，中国人民生活要好，必须有强大的科技支撑！

（一）历史告诉我们的真理

马克思主义认为，社会历史是人类自己创造的，社会发展不过是人的实践活动在时间和空间中的不断展开。历史是过去的现实，现实是未来的历史，所谓"前事不忘，后事之师"。通过重视历史、研究历史、借鉴历史，我们可以增长了解昨天、把握今天、开创明天的智慧。

中国近代史是整个中华民族历史上最为屈辱的一段历史，山河破碎，任人宰割，中华儿女遭受了无比惨痛的灾难。悲痛感慨之余，我们不禁要反思这样一个问题：曾经遥遥领先于世界数千年的中国，为何衰落如此之快？这一重大转折背后的根本原因到底是什么？

相关数据显示，自公元前 1 世纪一直到 13 世纪，中国的经济水平一直高于西欧，甚至直到 1820 年，中国也还是世界上经济总量最大的国家，但是从宋朝达到鼎盛时期以后，人均收入就开始停滞不前，欧洲却在肇始于 14 世纪的文艺复兴中逐渐走出了中世纪的黑暗，并在 18 世纪首先在英国发生了工业革命，之后人均收入实现了快速增长。以购买力平价计算，欧洲国内生产总值从 1820 年占世界比重的 26.6% 迅速上升到 1890 年的 40.3%，人均国内生产总值年均增速从 1700—1820 年的 0.22% 增加至 1820—1952 年的 1.03%，而中国在整个近代史经济一直停滞，人均国内生产总值在 1820—1952 年甚至下降了，同期国内生产总值占世界的比重则从 32.4% 下滑至 5.2%。[1]

从中我们可以看出，西方的崛起和中国的衰落与工业革命都有着必然的联系，也正是从工业革命发端，西欧诸国生产力迅速提升，将世界其他国家远远甩在了身后。在 100 多年前，德国著名学者马克斯·韦

---

[1] 参见林毅夫：《李约瑟之谜、韦伯疑问和中国的奇迹——自宋以来的长期经济发展》，《北京大学学报》（哲学社会科学版）2007 年第 4 期。

伯提出了一个问题：为什么工业革命首先发生在英国，而没有发生在很早就孕育出资本主义萌芽的中国？几十年之后，英国著名科技史学家李约瑟提出了著名的"李约瑟难题"，更是直接指出了中国衰落的根本原因——科技的落后。

以史为鉴，可以知兴替。落后挨打、饱受屈辱的中国近代史告诉了我们这样一个真理：一个国家只是经济体量大，还不能代表强。国家富强靠什么？靠自主创新，靠技术，靠人才，科技是国家强盛之基。2014年6月9日，习近平总书记在中国科学院第十七次院士大会、中国工程院第十二次院士大会上的讲话中指出："鸦片战争之后，中国更是一次次被经济总量、人口规模、领土幅员远远不如自己的国家打败。历史告诉我们一个真理：一个国家是否强大不能单就经济总量大小而定，一个民族是否强盛也不能单凭人口规模、领土幅员多寡而定。近代史上，我国落后挨打的根子之一就是科技落后。"[1]中国要走向繁荣富强、圆梦伟大复兴，必须坚定不移地推进科技发展和创新，这是从改革开放伊始我们一直坚定的决心。

（二）不做其他国家的技术附庸

1999年9月18日，在新中国成立50周年之际，党中央、国务院、中央军委隆重表彰为我国"两弹一星"事业作出突出贡献的23位科技专家，并授予他们"两弹一星功勋奖章"。"两弹一星"是中华民族独

---

[1] 习近平：《在中国科学院第十七次院士大会、中国工程院第十二次院士大会上的讲话》，《人民日报》2014年6月10日。

中国力量

立自主勇于登攀现代科技高峰征途中创造的辉煌伟业，充分展现了中华民族在自力更生的基础上自立于世界民族之林的坚强决心和能力。邓小平评价道："如果六十年代以来中国没有原子弹、氢弹，没有发射卫星，中国就不能叫有重要影响的大国，就没有现在这样的国际地位。这些东西反映一个民族的能力，也是一个民族、一个国家兴旺发达的标志。"[1]

独立自主，自力更生，绝不是要闭关自守、故步自封。树立开放眼光，善于学习，这是当代中国实现大踏步赶上时代的重要法宝。新中国成立 70 年来特别是改革开放以来，我国始终注重树立世界眼光，积极学习和借鉴世界各国的成功经验和文明成果，并结合中国实际加以运用。所谓"他山之石，可以攻玉"，学习和借鉴他人的经验和长处，可以迅速地提升自我。

自 1977 年开始，中国便陆续派出多个官方代表团到东欧、西欧等多个国家和地区考察，当时中国已经清醒地意识到了当代中国与世界发达国家的巨大差距。而怎样实现四个现代化，尤其是尽快推进科技现代化是摆在以邓小平同志为主要代表的中国共产党人面前最为紧迫的问题。

要先"引进来"，以技术引进带动技术革新。1978 年 10 月邓小平在会见当时德意志联邦共和国新闻代表团时强调指出："中国在历史上对世界有过贡献，但是长期停滞，发展很慢。现在是我们向世界先进国

---

[1] 邓小平：《中国必须在世界高科技领域占有一席之地》，《邓小平文选》第三卷，人民出版社 1993 年版，第 279 页。

家学习的时候了……要实现四个现代化，就要善于学习，大量取得国际上的帮助。要引进国际上的先进技术、先进装备，作为我们发展的起点。"[1] 改革开放初期，基于经济发展的必然要求，我们立足自身资源和人口优势的条件，针对自身资金匮乏和技术落后短板，通过借鉴"亚洲四小龙"对外出口型贸易模式，实施了以"引进来"为核心的发展战略，取得了巨大成功。

数据显示，2017 年，我国实际使用外商直接投资 1310 亿美元，比 1984 年增长 91.3 倍，年均增长 14.7%。1979 年至 2017 年，我国累计吸引外商直接投资达 18966 亿美元，是吸引外商直接投资最多的发展中国家，对外投资合作快速发展。2017 年，我国对外直接投资额（不含银行、证券、保险）1201 亿美元，比 2003 年增长 41.1 倍，年均增长 30.6%。另外，1980 年，在中国大陆落户的外资企业仅有 3 家，到 2017 年年末，规模以上外商及港澳台商投资工业企业已发展到 5 万家，吸纳就业人数达 2088.6 万人，仅是从 2012 年到 2016 年，这 5 年的时间数量不到全国企业总数 3% 的外资企业，创造了中国国民经济近一半的对外贸易和 1/5 的财政收入。其间，我国不仅注重引进外资，更加注重资金背后更为重要的东西，即先进技术和管理经验，这为国家人才培养、管理经验提升、科学技术发展奠定了重要的基础，增强了我国产业的综合竞争力，有力推动了经济社会的快速发展。

---

[1] 邓小平：《实行开放政策，学习世界先进科学技术》，《邓小平文选》第二卷，人民出版社 1994 年版，第 132—133 页。

中国力量

　　"引进来"是为了更好地"走出去"，要实现"走出去"，关键是要不断增强自主创新能力，不能做其他国家的技术附庸。2014年6月，习近平总书记在中国科学院第十七次院士大会、中国工程院第十二次院士大会上的讲话中指出："我国科技创新基础还不牢，自主创新特别是原创力还不强，关键领域核心技术受制于人的格局没有从根本上改变。只有把核心技术掌握在自己手中，才能真正掌握竞争和发展的主动权，才能从根本上保障国家经济安全、国防安全和其他安全。不能总是用别人的昨天来装扮自己的明天。不能总是指望依赖他人的科技成果来提高自己的科技水平，更不能做其他国家的技术附庸，永远跟在别人的后面亦步亦趋。我们没有别的选择，非走自主创新道路不可。"[1]因此，对我国来说，在发展前期可以依托自身资源和人力等优势，注重引进和学习发达国家先进技术，但要实现长期可持续发展必须自力更生，坚持走自主创新这条道路。

　　创新是民族进步之魂。"苟日新，又日新，日日新。"新中国成立以来尤其是改革开放以来，"科学的春天"始终在祖国的天空上播撒阳光："两弹一星"、多复变函数论、陆相成油理论、人工合成牛胰岛素等成就，高温超导、中微子物理、量子反常霍尔效应、纳米科技、干细胞研究、人类基因组测序等基础科学突破，超级杂交水稻、汉字激光照排、高性能计算机、三峡工程、载人航天、探月工程、移动通信、量子

---

〔1〕习近平：《在中国科学院第十七次院士大会、中国工程院第十二次院士大会上的讲话》，《人民日报》2014年6月10日。

通信、北斗导航、载人深潜、高速铁路、航空母舰等科学技术成果。70年来的科技创新，为我国经济社会发展提供了坚强支撑，为国防安全作出了历史性贡献，也为我国成为一个有世界影响力的大国奠定了重要基础。

（三）科技创新永无止境

在科技和经济领域有两个争执已久的理论，即"后发优势理论"和"后发劣势理论"。前者认为，落后国家与发达国家的巨大差距，恰恰可以作为落后国家赶超发达国家的优势，落后国家通过借鉴学习发达国家的先进技术、管理经验等，可以实现更快速有效的发展；后者则指出，落后国家无法仅仅通过学习和模仿发达国家而实现赶超发达国家，尤其是在技术层面根本无法超越。这两个理论都有一定的道理，但若仅执其一端难免偏颇，应辩证统一地把握。在落后国家发展初期，通过后发优势确实可以以低成本的代价实现快速发展，但当其发展到一定程度以后，也就是其原有的后发优势诸要素再难以支撑其长期可持续发展时，其后发优势的动能便需要更新升级，若不能实现新旧动能的转换，后发优势就会转化为后发劣势，其经济发展就会延缓、停滞甚至倒退。

2006年，世界银行组织提出了一个"中等收入陷阱"的概念，其实也是在讲这个问题。那么这些发展中国家前期发展迅速，为什么后来会出现经济停滞以致再难以跨越到发达国家行列呢？根本原因就在于，这些国家前期发展的后发优势已失去为经济发展带来可持续发展的动力，由于发展模式难以转换，新的发展动能难以产生，后发劣势便逐渐显现。从根本意义上讲，无法实现在尖端技术领域的自主性突破，便很难在高新技术领域对发达国家进行赶超甚至竞争，无法占据高新技术领域的主导权，也就很难跨越陷阱迈入发达国家行列。

当今世界正面临百年未有之大变局，经济全球化面临深刻调整和重大变革，未来 10 年将是世界经济新旧动能转换的关键 10 年。人工智能、大数据、量子信息、生物技术等新一轮科技革命和产业变革孕育兴起，新的经济增长点不断孕育，科技领域的竞争愈演愈烈，各个国家纷纷抢占科技制高点。新一轮科技革命为我们带来了前所未有的竞争与挑战，但同时也为我们转变经济发展方式、优化经济结构、实现后发优势的动能转换升级提供了难得的机遇，为我们赶超发达国家提供了有利时间"窗口"。正如习近平总书记所指出的："即将出现的新一轮科技革命和产业变革与我国加快转变经济发展方式形成历史性交汇，为我们实施创新驱动发展战略提供了难得的重大机遇。"[1]历史的机遇往往转瞬即逝，机不可失，时不再来，必须紧紧抓住。"在新科技带来的新机遇面前，每个国家都有平等发展权利。潮流来了，跟不上就会落后，就会被淘汰。我们能够做的和应该做的就是要抢抓机遇。"[2]

因此，我们必须加快实施创新驱动发展战略，不断增强自主创新能力，破除体制机制障碍，最大限度地解放和激发科技作为第一生产力所

---

〔1〕习近平：《敏锐把握世界科技创新发展趋势 切实把创新驱动发展战略实施好》，《人民日报》2013 年 10 月 2 日。
〔2〕习近平：《顺应时代潮流 实现共同发展》，《人民日报》2018 年 7 月 26 日。

蕴藏的巨大潜能。科技创新永无止境，科技竞争比拼的关键就是看谁的速度更快、谁的速度更能持续。正所谓"骐骥一跃，不能十步；驽马十驾，功在不舍。锲而舍之，朽木不折；锲而不舍，金石可镂"。我们必须牢固树立敢为天下先的志向和信心，敢于走别人没有走过的路，在攻坚克难中追求卓越，勇于创造引领世界潮流的科技成果。

2017年，美国"国会山"网站刊登的题为"新兴技术可以使中国成为世界下一个创新大国"的文章称，中共十九大报告将创新置于国家战略的重要位置，倡导创新驱动的发展战略。目前，中国正在通过新一代人工智能发展计划和国家工程实验室成为"全球首屈一指的人工智能创新中心"。与此同时，中国正建设世界上最大的量子研究设施——量子信息科学国家实验室，致力于引领第二次量子革命。美国《财富》杂志网站上发表的题为"为何中国会成为一个与美国竞争的科技大国"的文章则指出，中国催生了一批新一代本土企业家，正在创造世界级的产品，开发独有的技术，推出新的商业模式，并以前所未有的速度推出新的业务模式。[1]

2018年，世界知识产权组织发布的《世界知识产权指标》年度报告显示，2017年全球共提交了317万件专利申请，连续8年实现增长，涨幅为5.8%。全球商标申请总量为1239万件，而工业品外观设计的申请总量为124万件。中国在国内专利、商标、工业品外观设计等各类知识产权的申请量都位列世界第一。世界知识产权组织总干事弗朗西斯·高

---

[1] 参见《外媒：中国经济增长动力正在发生根本性变革》，《环球时报》2017年12月19日。

锐评价说："在短短几十年中，中国从无到有建立了知识产权制度，鼓励本土创新，并加入了全球知识产权引领者的行列——如今正在推动全球知识产权申请量增长。"[1]

三、百年大计，教育为本

2017年，世界经济论坛发布的《2017—2018年全球竞争力报告》中对全球137个经济体进行了竞争力指数排名，结果显示，瑞士排在第一，紧随其后的是美国和新加坡，值得一提的是，这是瑞士九年蝉联全球最具竞争力的经济体。那么瑞士的强大竞争力来自何处呢？世界经济论坛经济学家蒂里·盖格尔指出，瑞士拥有由基础设施、机构和教育构成的一个良性循环模式，而该国经济发展成功的核心就是其造就和利用人才的方式。当今世界的竞争是人才的竞争，而人才比拼的背后是教育的比拼。我国是人口大国，要从人口大国迈向人才强国，实现中华民族伟大复兴，教育的地位和作用不容忽视。

教育兴则国家兴，教育强则国家强。教育是民族振兴、社会进步的重要基石，是功在当代、利在千秋的德政工程，对提高人民综合素质、促进人的全面发展、增强中华民族创新创造活力、实现中华民族伟大复兴具有决定性意义。

---

[1]《中国各类知识产权申请量均位列世界第一》，新华网2018年12月4日。

（一）让每一个人都有出彩的机会

英国有一部纪录片叫《人生七年》，该纪录片采访来自英国不同阶层的 14 个 7 岁小孩，然后每隔 7 年回去重新访问这些孩子。岁月流逝，数十年后发现富人的孩子还是富人，穷人的孩子还是穷人，但是其中有一个穷人的孩子通过自己的不懈努力，考上了牛津大学，而后移民到美国，成为一名知名大学教授，改变了自己的人生轨迹。《平凡的世界》里写道："这家里只要有一个上学的，这个家就有希望。"从中我们可以看出，教育对于个体发展的决定性作用，更能看到教育公平对于弱势群体实现梦想的重要性。公平，强调的是机会，强调的是结果。公平的教育是要让每一个人都有平等的机会通过教育改变自身命运，努力让每个孩子都能享有公平而有质量的教育，使每一个人都能拥有人生出彩的机会。

2013 年 9 月，习近平主席在联合国"教育第一"全球倡议行动一周年纪念活动上发表视频贺词，指出教育的目标是"努力让每个孩子享有受教育的机会，努力让 13 亿人民享有更好更公平的教育，获得发展自身、奉献社会、造福人民的能力"[1]。2014 年 6 月，习近平总书记就加快发展职业教育作出重要指示，其中特别指出："要加大对农村地区、民族地区、贫困地区职业教育支持力度，努力让每个人都有人生出彩的机

---

[1] 习近平：《在联合国"教育第一"全球倡议行动一周年纪念活动上发表视频贺词》，《人民日报》2013 年 9 月 27 日。

会。"[1] 2015 年 4 月，习近平总书记在主持召开中央全面深化改革领导小组第十一次会议时再次强调，发展乡村教育，让每个乡村孩子都能接受公平、有质量的教育，阻止贫困现象代际传递，是功在当代、利在千秋的大事。

1. 补齐教育发展短板

治贫先治愚，扶贫先扶智。教育是阻断贫困代际传递的治本之策。目前，一些贫困地区教育发展面临很大困难，由于各种原因，贫困家庭孩子辍学、失学还比较多，"读书无用论"观点也有所蔓延，不少贫困家庭子女受教育程度同普通家庭的差距在扩大。2015 年 11 月 27 日，习近平总书记在中央扶贫开发工作会议上的讲话中指出，贫困地区教育事业是管长远的，必须下大气力抓好。脱贫攻坚期内，职业教育培训要重点做好。一个贫困家庭的孩子如果能接受职业教育，掌握一技之长，能就业，这一户脱贫就有希望了。

2. 注重精准实施，不能让一个孩子掉队

在江西省上饶市弋阳县教育系统的教师评价机制中，有一项名为"后 20% 学生关爱率"的数据。弋阳县教体局局长郭宏说："成绩排名后 20% 学生中，80% 是留守儿童。这种后 20% 学生关爱评价办法，重点以后 20% 学生的综合表现来评价教学水平，变鼓励少数先进群体为激励部分后进群体，进而实现'一个都不能少'的目标，在全面提升整体教

---

[1] 习近平:《就加快发展职业教育作出重要指示》，《人民日报》2014 年 6 月 24 日。

育水平的同时，有效提升乡村学校入学率、巩固率。"[1]

3. 提供更多受教育机会

经过改革开放 40 多年的发展，我国已建成了世界上最大规模的教育体系。数据显示，从规模来看，截至 2017 年，全国有 51 万多所学校遍布城乡，2.7 亿名学生在校学习，有 1600 万名专职教师，教育体量是世界最大的。从教育普及程度来看，2017 年，我国学前教育三年毛入园率达到 79.6%；小学学龄儿童净入学率达到 99.9%，初中阶段毛入学率达 103.5%，义务教育普及程度达到高收入国家平均水平；高中阶段毛入学率达到 88.3%，高等教育毛入学率达到 45.7%。[2]

4. 不断增强教育获得感

从通过实施中小学"校安工程"、贫困地区学校"改薄工程"、农村义务教育学生营养改善计划等重大项目，改善学校办学条件，让所有孩子都能"有学上""上好学""不失学"，到全国 81% 的县实现县域义务教育基本均衡。近些年，教育质量不断提升，人民群众教育获得感显著增强。

在实现伟大复兴的圆梦之路上，每一个人都是追梦者，也是筑梦者，各自成就出彩人生，促进人的全面发展，这正是中国特色社会主义教育事业的根本目的所在。

---

[1] 胡晓军：《让教育公平之光普照校园》，《光明日报》2018 年 11 月 6 日。
[2] 参见柯进、万玉凤、董鲁皖龙：《一部教育改革开放的壮丽史诗》，《中国教育报》2018 年 11 月 23 日。

（二）尊重知识，尊重人才

"我劝天公重抖擞，不拘一格降人才。""人既尽其才，则百事俱举；百事举矣，则富强不足谋也。"中华民族自古以来便具有尚贤爱才的优良传统。当今世界，综合国力的竞争说到底是人才的竞争。1977 年 5 月，邓小平在同中央两位同志的谈话中提出："靠空讲不能实现现代化，必须有知识，有人才。没有知识，没有人才，怎么上得去？"[1] "一定要在党内造成一种空气：尊重知识，尊重人才。要反对不尊重知识分子的错误思想。"[2]

2016 年 5 月，习近平总书记在对深化人才发展体制机制改革作出的重要指示中强调指出，办好中国的事情，关键在党，关键在人，关键在人才。综合国力竞争说到底是人才竞争。要加大改革落实工作力度，把《关于深化人才发展体制机制改革的意见》落到实处，加快构建具有全球竞争力的人才制度体系，聚天下英才而用之。要着力破除体制机制障碍，向用人主体放权，为人才松绑，让人才创新创造活力充分迸发，使各方面人才各得其所、尽展其长。要树立强烈的人才意识，做好团结、引领、服务工作，真诚关心人才、爱护人才、成就人才，激励广大人才为实现"两个一百年"奋斗目标、实现中华民族伟大复兴的中国梦贡献聪明才智。

习近平总书记"30 里借书，30 里讨书"的故事让人印象深刻：在

---

[1]邓小平：《尊重知识，尊重人才》，《邓小平文选》第二卷，人民出版社 1994 年版，第 40 页。
[2]邓小平：《尊重知识，尊重人才》，《邓小平文选》第二卷，人民出版社 1994 年版，第 41 页。

陕北农村插队时，他听说有一个知青有《浮士德》这本书，就走了 30 里路去借这本书，后来那个知青又走了 30 里路取回了这本书。爱读书，是习近平总书记最大的爱好，读书已经成为他的一种生活方式，所以每次演讲中他总是引经据典、信手拈来。2013 年 11 月 26 日，习近平总书记到山东曲阜孔府进行考察，来到孔子研究院，看到桌子上摆放着展示书籍和刊物，就一本本饶有兴趣地开始翻看，翻阅到《孔子家语通解》《论语诠解》两本书时，情不自禁地说："这两本书我要仔细看看。"[1]

1. 注重营造尊重知识、尊重人才的氛围

1999 年我们国家颁布了《国家科学技术奖励条例》，主要包括国家最高科学技术奖、国家自然科学奖、国家技术发明奖、国家科学技术进步奖以及中华人民共和国国际科学技术合作奖五个奖项。这是为了奖励在科学技术进步活动中作出突出贡献的公民、组织，调动科学技术工作者的积极性和创造性，加速科学技术事业的发展，提高综合国力而设立的一系列奖项。杂交水稻研究的开创者袁隆平院士便是首届国家最高科学技术奖获得者。之后，根据 2003 年 12 月 20 日《国务院关于修改〈国家科学技术奖励条例〉的决定》对《国家科学技术奖励条例》进行了第一次修订，根据 2013 年 7 月 18 日《国务院关于废止和修改部分行政法规的决定》进行了第二次修订。

---

[1]《世界读书日，习近平为你讲述他与书的故事》，新华网 2018 年 4 月 23 日。

2. 着力提高人才待遇

提高人才待遇，关键就要做到对广大人才在政治上充分信任、思想上主动引导、工作上创造条件、生活上关心照顾，多为其办实事、做好事、解难事。20 世纪 70 年代，邓小平指出："对知识分子除了精神上的鼓励，还要采取其他一些鼓励措施，包括改善他们的物质待遇。"[1] 他又强调："落实知识分子政策，包括改善他们的生活待遇问题，要下决心解决。"[2] 据统计，仅是 1984 年至 2004 年 20 年间，高校教师和中小学教师的年平均工资分别增长了 17.8 倍和 10.9 倍。2003 年，高等学校教师年平均工资超过 2.33 万元，比 2002 年增加 2261 元，比 1985 年增加近 2.21 万元；中小学教师工资收入也有明显增加。2003 年，全国中小学教师年平均工资为 1.33 万元，比 2002 年增加 652 元，比 1985 年增加约 1.22 万元。

习近平总书记强调，随着办学条件不断改善，教育投入要更多向教师倾斜，不断提高教师待遇，让广大教师安心从教、热心从教。2018 年 1 月 31 日，中共中央、国务院印发《关于全面深化新时代教师队伍建设改革的意见》，明确健全中小学教师工资长效联动机制。之后，北京、上海、黑龙江、重庆等地也先后出台《关于全面深化新时代教师队伍建设改革的实施意见》，均提出中小学教师平均工资收入水平不低于当地公务员水平，并出台各自具体措施。

[1] 邓小平:《关于科学和教育工作的几点意见》,《邓小平文选》第二卷, 人民出版社 1994 年版, 第 51 页。
[2] 邓小平:《视察江苏等地回北京后的谈话》,《邓小平文选》第三卷, 人民出版社 1993 年版, 第 26 页。

教育部教师工作司巡视员刘建同在 2018 年 8 月 31 日的教育部新闻发布会上指出，2017 年和 2012 年相比，教育行业工资收入增幅是 74%，公办中小学在岗人员 2017 年年平均工资（税前）大约为 8.2 万元。

3. 充分发挥人才的作用

2016 年 5 月 17 日，习近平总书记在哲学社会科学工作座谈会上指出："领导干部要以科学的态度对待哲学社会科学，尊重哲学社会科学工作者的辛勤付出和研究成果，不要觉得哲学社会科学问题自己都能讲讲，不是什么大不了的学问。要主动同专家学者打交道、交朋友，经常给他们出题目，多听取他们的意见和建议。要加强哲学社会科学优秀人才使用，让德才兼备的人才在重要岗位上发挥作用。"[1]

（三）立德树人，教之根本

1. 培养学生的爱国情怀

1931 年 9 月 18 日，日本帝国主义发动"九一八事变"，当时刚以高分考入清华大学历史系的钱伟长从收音机里听到了这个消息，毅然决定弃文从理。"我听到这个消息就火了，马上下决心不学历史，要学造飞机大炮。"因为在他看来，"国家的需要，就是我的专业"。1935 年，日寇从东北入侵华北时，南开大学的创始人之一张伯苓在开学典礼上提出了著名的"爱国三问"："你是中国人吗？你爱中国吗？你愿意中国好

---

[1] 习近平：《在哲学社会科学工作座谈会上的讲话》，《人民日报》2016 年 5 月 19 日。

吗？"2019 年 1 月，习近平总书记在南开大学校史馆端详了这些充满爱国情怀的珍贵史料，动情地说："爱国主义是中华民族的民族心、民族魂，培养社会主义建设者和接班人，首先要培养学生的爱国情怀。"

2. 以德育人，以文化人

"培养什么人、怎样培养人、为谁培养人"始终是教育的永恒主题和根本问题。"才者，德之资也；德者，才之帅也。""观乎人文，以化成天下。"教育的根本在于以德育人，以文化人。育人之本则在于立德，立德是根本，树人是核心，而以文化人，便是通过教化使其成为有用的人。2018 年 5 月 2 日，在五四青年节和北京大学建校 120 周年校庆日即将来临之际，习近平总书记来到北京大学与师生座谈，在说到大学要"坚持办学正确政治方向"时强调指出："人才培养一定是育人和育才相统一的过程，而育人是本。人无德不立，育人的根本在于立德。这是人才培养的辩证法。办学就要尊重这个规律，否则就办不好学。要把立德树人的成效作为检验学校一切工作的根本标准，真正做到以文化人、以德育人，不断提高学生思想水平、政治觉悟、道德品质、文化素养，做到明大德、守公德、严私德。要把立德树人内化到大学建设和管理各领域、各方面、各环节，做到以树人为核心，以立德为根本。"[1]

3. 扣好人生第一粒扣子

2017 年，一段视频刷爆了微信朋友圈，视频中，一名小学生在课堂

---

[1] 习近平：《在北京大学师生座谈会上的讲话》，《人民日报》2018 年 5 月 3 日。

上声情并茂地朗读课文《刘胡兰》，读到动情处竟情不自禁哽咽落泪。随后出现了一封"家长来信"，有的家长在信中明确反对孩子学习刘胡兰，认为那是"令人毛骨悚然的事情"，不应该在孩子心里埋下"血腥、残忍和仇恨的种子"。面对家长的指责，老师的回信让人肃然起敬："你孩子这个年纪，不只需要童话，还需要英雄。"〔1〕

　　当代中国青年是中国的未来，肩负着实现中华民族伟大复兴的伟大历史使命，能否具有坚定的理想信念、正确的人生观和价值观至关重要。习近平总书记指出："青年的价值取向决定了未来整个社会的价值取向，而青年又处在价值观形成和确立的时期，抓好这一时期的价值观养成十分重要。这就像穿衣服扣扣子一样，如果第一粒扣子扣错了，剩余的扣子都会扣错。"〔2〕因此，"要坚持不懈传播马克思主义科学理论，抓好马克思主义理论教育，为学生一生成长奠定科学的思想基础。要坚持不懈培育和弘扬社会主义核心价值观，引导广大师生做社会主义核心价值观的坚定信仰者、积极传播者、模范践行者。要坚持不懈促进高校和谐稳定，培育理性平和的健康心态，加强人文关怀和心理疏导，把高校建设成为安定团结的模范之地。要坚持不懈培育优良校风和学风，使高校发展做到治理有方、管理到位、风清气正"〔3〕。

〔1〕参见周人杰：《让英雄之光照亮孩子们的星空》，《人民日报》2017年6月1日。
〔2〕习近平：《青年要自觉践行社会主义核心价值观》，《人民日报》2014年5月5日。
〔3〕习近平：《加快建设世界一流大学和一流学科》，《习近平谈治国理政》第二卷，外文出版社2017年版，第377页。

4. 培养社会主义建设者和接班人

新中国成立 70 年来，我国教育事业始终与祖国共命运、与时代共进步，教育发展成就巨大辉煌，而最重要的成就是培养了一代又一代社会主义建设者和接班人。"功崇惟志，业广惟勤。"意思是说取得伟大的功业，是由于有伟大的志向；完成伟大的功业，在于辛勤不懈地工作。在海南省中部山区的鹦哥岭自然保护区有这样一群年轻人，被当地百姓亲切地称为"鹦哥岭上的木棉花"，面对艰苦的自然和生活条件，他们坚守理想，无悔青春，从 2007 年到 2013 年 6 年间，他们走遍 500 平方千米保护区的 200 多个山头，记录下 2000 多种动植物，在平凡的岗位上做出了不平凡的业绩，为保护海南自然生态环境作出了突出贡献。

"天将降大任于斯人也，必先苦其心志，劳其筋骨"，青年一代有理想、有本领、有担当，国家就有前途，民族就有希望。新时代的中国青年既是追梦者，也是筑梦者，中华民族伟大复兴的中国梦终将在一代代青年的接力奋斗中变为现实！

第七章

领导核心：凝神聚力的力量

　　我们必须坚持党总揽全局、协调各方的领导核心作用，通过人民代表大会制度，保证党的路线方针政策和决策部署在国家工作中得到全面贯彻和有效执行。

　　——习近平在庆祝全国人民代表大会成立60周年大会上的讲话（2014年9月5日）

"我是谁，是什么样的人，也许你从来没有想过，我是离开最晚的那一个，我是开工最早的那一个，我是想到自己最少的那一个……"2016年，中央电视台为纪念建党95周年特别推出的公益广告《我是谁》在网络上十分火爆。视频中讲述了发生在我们身边的普通的共产党员的故事，他们是离开教室最晚的大学生，是为了城市的整洁开工最早的环卫工人，是在手术台前救死扶伤却想到自己最少的医生，是在暴雨中依然坚守岗位到最后的交警，是小镇中为大家带来光明行动最快的邻家暖男，是知难而进、不辞劳苦牵挂大家最多的大学生村官……

不忘初心、牢记使命。90多年来，一代又一代优秀中国共产党人，为祖国和人民无私奉献，生动展示了共产党人的为民情怀和高尚情操。正是在党的坚强领导和正确引领下，中国人民从根本上改变了自己的命运，中国发展取得了举世瞩目的成就，中华民族迎来了伟大复兴的光明前景。历史和现实都已证明并仍将继续证明，中国特色社会主义最本质的特征是中国共产党领导，中国特色社会主义制度的最大优势是中国共产党领导。中国共产党承担着带领中国广大人民群众实现民族复兴的伟大历史使命，在新时代中国特色社会主义伟大实践中，只有以党的坚强领导和顽强奋斗，激励全体中华儿女不断奋进，才能凝聚起同心共筑中国梦的磅礴力量。

法国前总理拉法兰认为："我们看到中国共产党作出了许多努力，来更好地为人民服务，不管是党建领域的改革，还是强有力的反腐败工作，这都有助于实现中国社会的平衡，同时也有助于从严治党，让中国共产党与中国人民更加贴近。"南苏丹总统经济顾问、财政部原部长萨布尼评价说，中国共产党"是一个成就非凡的政党，对中国人民和世界人民的福祉作出了巨大贡献，中国共产党对中国人民和整个世界的发展都有着清晰的规划，我对习近平总书记领导下的中国共产党充满信心"。[1]

一、东西南北中，党是领导一切的

2018 年 12 月 18 日，习近平总书记在庆祝改革开放 40 周年大会上的讲话中指出："必须坚持党对一切工作的领导，不断加强和改善党的领导。改革开放 40 年的实践启示我们：中国共产党领导是中国特色社会主义最本质的特征，是中国特色社会主义制度的最大优势。党政军民学，东西南北中，党是领导一切的。正是因为始终坚持党的集中统一领导，我们才能实现伟大历史转折、开启改革开放新时期和中华民族伟大

---

[1]《中国共产党为什么行：坚定的理想信念　强大的革新勇气》，央视网 2017 年 10 月 24 日。

复兴新征程，才能成功应对一系列重大风险挑战、克服无数艰难险阻，才能有力应变局、平风波、战洪水、防非典、抗地震、化危机，才能既不走封闭僵化的老路也不走改旗易帜的邪路，而是坚定不移走中国特色社会主义道路。坚持党的领导，必须不断改善党的领导，让党的领导更加适应实践、时代、人民的要求。在坚持党的领导这个决定党和国家前途命运的重大原则问题上，全党全国必须保持高度的思想自觉、政治自觉、行动自觉，丝毫不能动摇。"〔1〕

（一）中国共产党的基因优势

1. 坚持党对一切工作的领导是由我们党自身的基因优势所决定的

中国共产党是马克思主义政党，正是在马克思列宁主义同中国工人运动的结合过程中，中国共产党应运而生。从确立到不断发展壮大，从新民主主义革命到改革开放的伟大觉醒，中国共产党始终坚持将马克思主义作为根本指导思想，反对本本主义、教条主义，不断推进马克思主义中国化、时代化、大众化。将马克思主义同中国革命和社会主义建设实践相结合，形成了毛泽东思想，以指导中国革命和建设实践，实现了从东亚病夫到站起来的伟大飞跃；将马克思主义同改革开放实践相结合，形成了邓小平理论、"三个代表"重要思想、科学发展观和习近平新时代中国特色社会主义思想，以指导改革开放实践，迎来了从站起

---

〔1〕习近平：《在庆祝改革开放40周年大会上的讲话》，《人民日报》2018年12月19日。

来、富起来到强起来的伟大飞跃。

2. 中国共产党是中国工人阶级的先锋队，同时是中国人民和中华民族的先锋队

当年，周恩来在莫斯科向斯大林介绍中国共产党的性质时，斯大林质疑说："你们有多少工人党员？你们这些山沟里出来的农民怎么能代表工人阶级？"周恩来则用中国共产党所代表的利益、志向、愿望、使命等，有力地打消了苏共的怀疑。[1]"两个先锋队"充分体现了中国共产党的先进性。一直以来，我们党始终高举马克思主义伟大旗帜，始终传承党的优良作风，不忘初心、牢记使命，把实现社会主义、共产主义作为奋斗目标，勇于自我革命，攻坚克难、砥砺奋进，形成了中国特色社会主义道路、理论、制度和文化，创造了一个又一个彪炳史册的人间奇迹，迎来了中华民族伟大复兴的光明前景。

3. 全心全意为人民服务是党的根本宗旨

是否代表最广大人民群众的根本利益、能否全心全意为人民服务是检验马克思主义政党的试金石。中国共产党是无产阶级的政党，党的性质决定了中国共产党必须全心全意为人民服务。自诞生之日起，中国共产党就是代表人民利益的党，不存在独立于人民利益之外的自身利益。习近平总书记指出："改革开放 40 年的实践启示我们：为中国人民谋幸福，为中华民族谋复兴，是中国共产党人的初心和使命，也是改革开放

---

〔1〕参见《八大基因决定着中国共产党的健康长寿》，宣讲家网 2016 年 6 月 13 日。

的初心和使命。我们党来自人民、扎根人民、造福人民，全心全意为人民服务是党的根本宗旨，必须以最广大人民根本利益为我们一切工作的根本出发点和落脚点，坚持把人民拥护不拥护、赞成不赞成、高兴不高兴作为制定政策的依据，顺应民心、尊重民意、关注民情、致力民生，既通过提出并贯彻正确的理论和路线方针政策带领人民前进，又从人民实践创造和发展要求中获得前进动力，让人民共享改革开放成果，激励人民更加自觉地投身改革开放和社会主义现代化建设事业。"[1]

（二）历史和人民的选择

没有共产党，就没有新中国；没有共产党，就没有当代中国的伟大飞跃。始终坚持中国共产党的领导，既是历史的选择，更是人民的选择。近百年来的历史和实践一再证明，正是中国共产党领导和团结全国各族人民成就了开天辟地的事业，创造了伟大的发展奇迹。正如邓小平所指出的："在中国这样的大国，要把几亿人口的思想和力量统一起来建设社会主义，没有一个由具有高度觉悟性、纪律性和自我牺牲精神的党员组成的能够真正代表和团结人民群众的党，没有这样一个党的统一领导，是不可能设想的，那就只会四分五裂，一事无成。这是全国各族人民在长期的奋斗实践中深刻认识到的真理。"[2]

在近代中国面临民族危亡之际，谋求民族独立、人民解放是那个

---

[1] 习近平：《在庆祝改革开放40周年大会上的讲话》，《人民日报》2018年12月19日。
[2] 邓小平：《党和国家领导制度的改革》，《邓小平文选》第二卷，人民出版社1994年版，第341—342页。

时代最强烈的呼声，但始终没有一个强有力的政党能够扭转乾坤、改变近代中国的悲惨命运，很多阶级和政党的救国救民之路最终都走向了失败。正是从这生死攸关的艰难时刻开始，中国共产党人义无反顾肩负起带领人民谋求民族独立、人民解放和实现人民幸福、民族复兴的历史重任。中国共产党领导中国人民经过 28 年的浴血奋斗，推翻了帝国主义、封建主义、官僚资本主义，完成了新民主主义革命，建立了中华人民共和国，确立了社会主义基本制度，开辟了中国历史的新纪元；经过几十年的曲折探索，巩固和发展了社会主义制度，建立了独立的、比较完整的工业体系和国民经济体系，为在新的历史时期开创中国特色社会主义提供了宝贵经验、理论准备、物质基础；经过 40 多年来的改革开放，极大解放和发展了生产力，人民生活水平显著改善，综合国力显著提高，极大改变了中国的面貌、中华民族的面貌、中国人民的面貌、中国共产党的面貌，中华民族迎来了从站起来、富起来到强起来的伟大飞跃，中国特色社会主义迎来了从创立、发展到完善的伟大飞跃，中国人民迎来了从温饱不足到小康富裕的伟大飞跃。

正如习近平总书记在庆祝中国共产党成立 95 周年大会上所指出的："历史告诉我们，没有先进理论的指导，没有用先进理论武装起来的先进政党的领导，没有先进政党顺应历史潮流、勇担历史重任、敢于作出巨大牺牲，中国人民就无法打败压在自己头上的各种反动派，中华民族就无法改变被压迫、被奴役的命运，我们的国家就无法团结统一、在社会主义道路上走向繁荣富强……历史还告诉我们，历史和人民选择中国共产党领导中华民族伟大复兴的事业是正确的，必须长期坚持、永不动摇；中国共产党领导中国人民开辟的中国特色社会主义道路是正确的，必须长期坚持、永不动摇；中国共产党和中国人民扎根中国大地、吸纳人类文明优秀成果、独立自主实现国家发展的战略是正确的，必须长期坚持、永不动摇。"[1]

（三）大海航行靠舵手

从"和谐号"到"复兴号"，中国高铁迎来新的发展机遇。同时，中华民族"复兴号"巨轮正在新征程上扬帆起航，驶向光明的彼岸。大海航行靠舵手，船到中流浪更急，没有一个优秀的舵手，我们便会迷失方向，甚至可能会被惊涛骇浪所吞没，这个舵手便是中国共产党。

习近平总书记在党的十九大报告中指出："历史已经并将继续证明，没有中国共产党的领导，民族复兴必然是空想。我们党要始终成为时代先锋、民族脊梁，始终成为马克思主义执政党，自身必须始终过硬。全党要更加自觉地坚定党性原则，勇于直面问题，敢于刮骨疗毒，消除一切损害党的先进性和纯洁性的因素，清除一切侵蚀党的健康肌体的病毒，不断增强党的政治领导力、思想引领力、群众组织力、社会号召力，确保我们党永葆旺盛生命力和强大战斗力。"

中国共产党是中国特色社会主义事业的领导核心，只有坚持中国共产党的领导，才能走好中国道路，弘扬中国精神，凝聚中国力量，在新时

---

〔1〕习近平：《在庆祝中国共产党成立 95 周年大会上的讲话》，《人民日报》2016 年 7 月 2 日。

代创造出中华民族新的更大奇迹！

1. 走好中国道路必须坚持党的领导

中国特色社会主义最本质的特征是中国共产党领导，中国特色社会主义制度的最大优势是中国共产党领导，中国特色社会主义道路最根本的保证就是坚持中国共产党领导。中国道路是在党领导全国各族人民开创的，也是在党的坚强领导下不断坚持和发展的。能否走好中国道路，确保改革的正确方向，关键在坚持党的领导。戈尔巴乔夫谈到苏共垮台的教训时说："改革时期，加强党对国家和改革进程的领导，是所有问题的重中之重。在这里，我想通过我们的惨痛失误来提醒中国朋友：如果党失去对社会和改革的领导，就会出现混乱，那将是非常危险的。"[1]

2. 弘扬中国精神必须坚持党的领导

弘扬中国精神必须高举中国特色社会主义伟大旗帜，坚守共产主义最高理想和中国特色社会主义共同理想，将爱国主义精神和改革创新精神统一于伟大的中国特色社会主义实践中。实现共产主义是中国共产党的最高理想，是我们的终极追求，这个最高理想激励着一代又一代中国共产党人浴血奋斗、攻坚克难，没有共产主义远大理想，中国特色社会主义共同理想就会失去灵魂，偏离正确方向；中国特色社会主义共同理想是我们在追求最高理想过程中的阶段性理想，是现阶段我国各族人民的共同理想，是我们循序渐进实现最高理想的阶段性目标，代表和反映

---

[1] 杨政：《戈尔巴乔夫后悔了》，《环球人物》2006 年第 5 期。

了中国最广大人民群众的根本利益。没有中国特色社会主义共同理想，就不可能循序渐进做好当前工作，那么共产主义理想只能是美好的愿景。而能否将两者有机统一并逐步实现，关键是需要一个政治组织的坚强领导，毫无疑问，只有中国共产党才能担负起如此神圣的使命。

3. 凝聚中国力量必须坚持党的领导

"江河之所以能冲开绝壁夺隘而出，是因其积聚了千里奔涌、万壑归流的洪荒伟力。"[1]同样，实现中华民族伟大复兴也必须汇聚起席卷八荒的磅礴力量。伟大的力量源自全国各族人民的团结一心，一盘散沙就会遭人欺侮，团结起来才有力量、才有希望。只要13亿多中国人民统一思想心往一处想，统一行动劲往一处使，中华民族就有凝聚力、向心力，才能产生所向披靡、战无不胜的洪荒伟力。

凝聚起磅礴的中国力量，必须依靠党的坚强领导。有了党的坚强领导，国家和各族人民就有了主心骨，就能更好地汇民智、聚民心、凝民力，就能更好地统揽全局、统筹规划、协调各方，集中力量办大事，保持国家的长期稳定发展。习近平总书记曾形象地说，这就像"众星捧月"，这个"月"就是中国共产党。在国家治理体系的大棋局中，党中央是坐镇中军帐的"帅"，车马炮各展其长，一盘棋大局分明。

---

[1] 习近平：《在庆祝改革开放40周年大会上的讲话》，《人民日报》2018年12月19日。

二、改革开放是我们党的一次伟大觉醒

在庆祝改革开放 40 周年大会上，习近平总书记指出："改革开放是我们党的一次伟大觉醒，正是这个伟大觉醒孕育了我们党从理论到实践的伟大创造。改革开放是中国人民和中华民族发展史上一次伟大革命，正是这个伟大革命推动了中国特色社会主义事业的伟大飞跃！"〔1〕

（一）伟大觉醒源自何处

所谓觉醒，是指主体对自身思想和行为的深刻反思和自我超越。改革开放是我们党和国家在面临何去何从的重要历史关头所作出的伟大历史性决策，是我们党基于对党和国家前途命运深刻把握、对社会主义革命和建设实践深刻总结、对时代潮流深刻洞察、对人民群众期盼和需要深刻领悟的必然结果。"如果现在再不实行改革，我们的现代化事业和社会主义事业就会被葬送。"〔2〕这是以邓小平同志为主要代表的中国共产党人对于实行改革开放的坚定信念和决心。至此，改革开放成为当代中国最显著的特征、最壮丽的气象。

1. 伟大觉醒不是突然的灵光闪现，其产生有着深厚的历史渊源和逻辑基础

伟大觉醒源自中华儿女对中华民族自古以来的伟大梦想精神和开

---

〔1〕习近平：《在庆祝改革开放 40 周年大会上的讲话》，《人民日报》2018 年 12 月 19 日。
〔2〕邓小平：《解放思想，实事求是，团结一致向前看》，《邓小平文选》第二卷，人民出版社 1994 年版，第 150 页。

放变革精神的传承。灿烂的中华文明绵延 5000 多年，我们的先人们秉持以"周虽旧邦，其命维新"的变革精神，以"天下大同""万国咸宁"的宽广胸怀，在整个人类史上谱写了一个又一个变法图强、普惠万邦的精彩华章和伟大壮举。

伟大觉醒源自中国共产党的初心和使命。为中国人民谋幸福，为中华民族谋复兴，是中国共产党人自始至终的初心和使命。

伟大觉醒源自中国共产党对马克思主义的坚定信仰。马克思主义理论是科学的世界观方法论，是我们认识问题、分析问题、解决问题的看家本领，是我们党在各个时期破解困局、实现各项事业成功的强大思想武器。

伟大觉醒源自中国共产党对人民群众创造伟力的无比坚信。人民群众是历史的创造者，是推动社会历史发展的根本力量。人民群众就是共产党的力量源泉、胜利之本和执政之基。历史和现实已经证明，人民立场是中国共产党的立党之本，群众路线是党的生命线和根本工作路线，始终依靠人民的力量是我们取得革命胜利、社会主义建设和改革开放巨大成就的重要法宝。

2. 伟大觉醒是党始终勇于自我革命的必然结果

勇于自我革命是中国共产党人鲜明的政治品格和政治优势。自我革命就是自我扬弃、自我反思，在革命、建设和改革各个时期，正是在不断自我反思中、自我批判中，中国共产党才能不断自我净化、自我修正、自我提升，才能经得起风浪的考验，才能绝处逢生、凯歌前行。正如习近平总书记所指出的："办好中国的事情，关键在党，关键在坚持党要管党、全面从严治党。"[1]从"打铁必须自身硬"的掷地有声到"踏石留印，抓铁有痕"的庄严宣告，从"八项规定"新风拂面到"四风"涤荡，党的十八大以来，以习近平同志为核心的党中央坚持无禁区、全覆盖、零容忍，重拳"打虎""拍蝇""猎狐"，猛药去疴、重典治腐、刮骨疗毒，在削减腐败存量的同时坚决遏制腐败增量，治标为治本赢得时间，形成反腐败斗争压倒性态势并巩固发展。党的十九大以来，以习近平同志为核心的党中央一以贯之，坚定不移推进全面从严治党，党内政治生态展现新气象，反腐败斗争取得压倒性胜利。

（二）伟大觉醒为何伟大

1. 伟大觉醒推动了马克思主义理论的创造性发展

改革开放以来，马克思主义中国化的过程就是马克思主义在改革开放生动实践基础上不断创新发展的过程。恩格斯说："每一个时代的理论思维，包括我们时代的理论思维，都是一种历史的产物，它在不同的时代具有完全不同的形式，同时具有完全不同的内容。"[2]能否正确回应时代课题、解决时代课题，关键在于是否将理论与实践相结合，在于是否不断推进实践创新基础之上的理论创新。马克思主义中国化发展的理论逻辑告诉我们，中国共产党在革命、建设、改革的实践进程中实现的

---

〔1〕习近平：《在庆祝改革开放40周年大会上的讲话》，《人民日报》2018年12月19日。
〔2〕恩格斯：《自然辩证法》，《马克思恩格斯选集》第三卷，人民出版社2012年版，第873页。

一系列重大理论创新都是在积极回应新的时代课题中应运而生的。

在新民主主义革命时期，毛泽东思想的形成是基于对民族独立和人民解放等重大时代课题的积极回应。改革开放以来，邓小平理论、"三个代表"重要思想和科学发展观等一系列重大理论创新成果的形成是基于对"什么是社会主义、怎样建设社会主义""建设一个什么样的党、怎样建设党""实现什么样的发展、怎样发展"等一系列重大现实课题的积极回应。中国特色社会主义进入新时代，习近平新时代中国特色社会主义思想积极回应了新时代"坚持和发展什么样的中国特色社会主义、怎样坚持和发展中国特色社会主义"这一重大时代课题，提出"八个明确"，从总目标、总任务、总体布局、战略布局、发展方式、发展动力等理论层面系统回答了新时代坚持和发展什么样的中国特色社会主义；提出"十四个坚持"，从实践层面为新时代如何坚持和发展中国特色社会主义提供了"路线图"和"方法论"。

2. 伟大觉醒推动了中国特色社会主义事业的伟大飞跃

推进改革开放和中国特色社会主义事业是近代以来我们实现中华民族伟大复兴的重大里程碑。改革开放的开启、推进和深入是与中国特色社会主义事业的创立、发展和不断完善相辅相成的。

党的十一届三中全会以后，以邓小平同志为主要代表的中国共产党人作出了实行改革开放的历史性决策，将党和国家的工作重心转移到以经济建设为中心的社会主义现代化建设中，确立了社会主义初级阶段基本路线，成功开创了中国特色社会主义。随着改革开放的不断推进，社会主义各项制度不断确立完善，人民生活水平不断提升，社会公平正义不断彰显，国际地位不断提高，中国特色社会主义发展不断迈向新台阶。

中国特色社会主义进入了新时代，以习近平同志为核心的党中央提出了一系列新理念新思想新战略，解决了许多长期想解决而没有解决的难题，办成了许多过去想办而没有办成的大事，推动中国社会主义各项事业发生了深层次、根本性的历史性变革，取得了全方位、开创性的历史性成就。

（三）将改革开放进行到底，在新时代创造出新的更伟大的奇迹

实践是检验真理的唯一标准，改革开放 40 多年的生动实践充分证明，改革开放是党和人民大踏步赶上时代的重要法宝，是坚持和发展中国特色社会主义的必由之路，是决定当代中国命运的关键一招，也是实现"两个一百年"奋斗目标、实现中华民族伟大复兴的关键一招。因此，只有将改革开放进行到底，我们才能实现人民对美好生活的向往的目标，才能在新时代创造中华民族新的更伟大的奇迹，创造让世界刮目相看的新的更伟大的奇迹！

将改革开放进行到底，必须坚持党对一切工作的领导，不断加强和改善党的领导；必须坚持以人民为中心，不断实现人民对美好生活的向往；必须坚持马克思主义指导地位，不断推进实践基础上的理论创新；

必须坚持中国特色社会主义道路，不断坚持和发展中国特色社会主义；必须坚持完善和发展中国特色社会主义制度，不断发挥和增强我国制度优势；必须坚持发展为第一要务，不断增强我国综合国力；必须坚持扩大开放，不断推动共建人类命运共同体；必须坚持全面从严治党，不断提高党的创造力、凝聚力、战斗力；必须坚持辩证唯物主义和历史唯物主义世界观和方法论，正确处理改革发展稳定关系。

砥砺前行四十载，跋山涉水著新篇。站在新的历史起点上，我们的使命更加光荣，任务更加艰巨，挑战更加严峻，这就要求我们要始终坚持党的坚强领导，以永不懈怠的精神状态和一往无前的奋斗姿态，以"咬定青山不放松"的坚定韧劲，以"踏石有印、抓铁有痕"的非凡魄力，初心不改、矢志不渝地将改革开放进行到底，高举中国特色社会主义伟大旗帜，以习近平新时代中国特色社会主义思想为科学指引和行动指南，锐意进取，开拓创新，谱写出社会主义现代化新征程的壮丽篇章！

三、打铁必须自身硬

实现中华民族伟大复兴的中国梦是我们党领导的伟大事业，全面从严治党是这一伟大事业取得胜利的重要保证。党坚强有力，事业才能兴旺发达，国家才能繁荣稳定，人民才能幸福安康。党的十八大以来，我们党不仅在理论上围绕着党要管党、从严治党提出了一系列新的重要思想，在实践中更是凝心聚力、直击积弊、扶正祛邪，党风廉政建设呈现崭新局面。习近平总书记指出："新形势下，我们党面临着许多严峻挑战，党内存在着许多亟待解决的问题。尤其是一些党员干部中发生的贪污腐败、脱离群众、形式主义、官僚主义等问题，必须下大气力解决。"[1]习近平总书记指出："1949 年 3 月 23 日上午，党中央从西柏坡动身前往北京时，毛泽东同志说：'今天是进京赶考的日子。'60 多年的实践证明，我们党在这场历史性考试中取得了优异成绩。同时，这场考试还没有结束，还在继续。今天，我们党团结带领人民所做的一切工作，就是这场考试的继续。"[2]我们党要继续在这场历史性考试中经受住考验，努力向历史、人民交出更加优异的答卷。新时代党面临的考验和危险也越发复杂和严峻，推进全面从严治党向纵深发展的要求也更加迫切。这就要求我们既要不断发扬斗争精神，增强忧患意识，勇于刮骨疗毒、自我革命，也要不断提升斗争本领，克服"本领恐慌"，推进党和国家各方面事业深入发展。

能否抓住改革机遇、破解改革难题，关键在于提升改革主体解决问题的能力，"不论是新问题还是老问题，不论是长期存在的老问题还是改变了表现形式的老问题，要认识好、解决好，唯一的途径就是增强我们自己的本领"[3]。打铁必须自身硬，当代中国共产党人要攻坚克难，不仅要敢于打铁，更要能打铁，这就要求我们在新时代治国理政的现实实践中必须领会解决问题的要领，提升驾驭问题、解决问题的能力。

---

[1] 习近平：《人民对美好生活的向往就是我们的奋斗目标》，《人民日报》2012 年 11 月 16 日。
[2] 习近平：《在庆祝中国共产党成立 95 周年大会上的讲话》，《人民日报》2016 年 7 月 2 日。
[3] 习近平：《在中央党校建校 80 周年庆祝大会暨 2013 年春季学期开学典礼上的讲话》，《人民日报》2013 年 3 月 3 日。

中国力量

（一）要把马克思主义哲学作为看家本领

2013年12月3日，习近平总书记在党的十八届中共中央政治局第十一次集体学习时的讲话中指出，党的各级领导干部特别是高级干部，要原原本本学习和研读经典著作，努力把马克思主义哲学作为自己的看家本领，坚定理想信念，坚持正确政治方向，提高战略思维能力、综合决策能力、驾驭全局能力，团结带领人民不断书写改革开放历史新篇章。

马克思主义哲学是丰富的智慧宝库，是我们认识问题、分析问题、解决问题的"钥匙"，是我们党在革命、建设和改革时期破解困局实现创新发展的强大思想武器，一直以来，中国共产党人都倡导和坚持用马克思主义哲学来武装全党，指导革命和发展实践。习近平总书记曾多次强调："马克思主义哲学深刻揭示了客观世界特别是人类社会发展一般规律，在当今时代依然有着强大生命力，依然是指导我们共产党人前进的强大思想武器。"[1]

马克思主义哲学包含辩证唯物主义和历史唯物主义两大部分，是共产党人把握共产党执政规律、社会主义建设规律、人类社会发展规律的科学方法。

辩证唯物主义是唯物论与辩证法的辩证统一，是科学的世界观和方法论，由唯物论、辩证法和认识论三大部分组成。掌握辩证的唯物论，

---

〔1〕习近平：《推动全党学习和掌握历史唯物主义 更好认识规律更加能动地推进工作》，《人民日报》2013年12月5日。

就要坚持一切从实际出发，具体问题具体分析，这是我们把握当前阶段世情国情党情的看家本领；掌握唯物的辩证法，就要坚持用联系发展的眼光去看待问题，用矛盾分析方法去剖析问题、解决问题；掌握辩证唯物主义认识论，就要坚持认识与实践的辩证统一，在实践中发现问题、认识问题、解决问题的方法。

历史唯物主义是辩证唯物主义和历史观的辩证统一，揭示了人类历史的发展规律，是认识和改造社会的一般方法论。掌握历史唯物主义，就要坚持运用社会基本矛盾分析方法探索社会主义建设规律；就要坚持物质资料生产活动是社会生活的基础的观点，准确把握其与全面深化改革的重大关系；就要坚持人民群众是历史创造者的观点，紧紧依靠人民群众推进改革深化。

（二）提升科学思维水平

科学思维是我们解决时代突出问题的有效武器。面对错综复杂的国际形势和国内问题，只有运用科学思维方法提升科学思维水平，才能不断提升解决问题的能力，才能不断破解改革和发展的难题。

1. 提升战略思维能力

"不谋全局者，不足谋一域。"提升战略思维能力，是我们准确把握当前国内外形势的有效方法，通过客观把握世情国情党情，提升工作的科学性、预见性、前瞻性，对深化改革作出全局性的谋划。"战略思维能力是各级领导干部必须具备的一项基本能力，直接关系领导干部的领导素养、领导方法、领导艺术和领导绩效。领导干部只有不断提高战略思维能力，才能高瞻远瞩、深谋远虑，才能胸怀大局、审时度势，牢牢掌握工作主动权，切实做到因势而谋、应势而动、顺势而为，不断开创工作新局面。"[1]

2. 提升历史思维能力

古人云："以铜为镜，可以正衣冠；以史为镜，可以知兴替。"这就要求我们要坚持马克思主义历史观，去粗取精、去伪存真，慎思之，明辨之，站在历史规律性的高度去吸取和借鉴世界文明尤其是中华文明中宝贵的历史经验，提升治国理政的智慧和学养，不断深化对共产党执政规律、社会主义建设规律、人类社会发展规律的认识。

3. 提升辩证思维能力

辩证思维能力是善于运用矛盾分析方法抓住关键、找准重点、洞察事物发展规律的能力。提升辩证思维能力，要求我们在具体的工作中全面辩证地分析问题、解决问题，避免片面、静止、孤立地分析问题、解决问题。

4. 提升创新思维能力

创新是事物通过不断自我否定实现自我突破。提升创新思维能力，必须勇于突破传统，打破常规。面对当前国内外形势的新情况、新挑战，我们在观念上要适应，认识上要到位，实践上要创新，要做到因时

---

[1] 吕杰：《从五个方面提高战略思维能力》，《学习时报》2018 年 5 月 21 日。

而变，随世而制，顺应"变"，引领"变"，不断突破改革瓶颈，实现创新发展。

5. 提升底线思维能力

提升底线思维能力就是要树立忧患意识、风险意识。习近平总书记多次强调，要善于运用底线思维的方法，凡事从坏处准备，努力争取最好结果，做到有备无患、遇事不慌、牢牢把握主动权。提升底线思维能力，关键在于保持"乱云飞渡仍从容"的战略定力，就是要学会在当前纷繁复杂的形势下，谨慎从容、谋定后动，要清醒地把握新时代党和国家各项事业的"变"与"不变"。基于此，我们既要保持大国治理政策的稳定性，避免过犹不及、出现任何颠覆性的错误；也要大胆从容、审时度势抓住机遇，实现创新发展。

（三）注重调查研究

所谓实践出真知，要从根本上解决问题，就要把调查研究作为一项基本功，就要深入基层，深入实践，深入群众。要想真正了解社会，就要多走走，多看看，要眼睛向下，迈开双脚，要接地气。邓小平指出，能不能深入下去，工作能不能落实，关键在于领导干部是不是以身作则，深入部队、调查研究、从实际出发，分析问题、解决问题。习近平总书记也反复强调，调查研究是谋事之基、成事之道，没有调查就没有发言权，没有调查就没有决策权。调查研究是我们做好工作的基本功。

要不断提升调查研究的能力，要积极探索调查研究工作的特点和规律，注重提高调查研究对象的广泛性、内容的针对性、方法的科学性、成果的有效性，不断提升调查研究工作的质量和水平。近几年来，为实现全面建成小康社会这一宏伟目标，以习近平同志为核心的党中央本着求真务实、真抓实干的精神，倡导看真贫、扶真贫、真扶贫，走遍全国多个贫困地区、红色老区和民族地区、边疆地区和偏远地区，真正做到了体民情、询民意、解民忧，切实了解老百姓的困难，推动精准扶贫落到实处。

（四）空谈误国，实干兴邦

"真抓才能攻坚克难，实干才能梦想成真。"习近平总书记在谈到中国梦时指出："实现中华民族伟大复兴是一项光荣而艰巨的事业，需要一代又一代中国人共同为之努力。空谈误国，实干兴邦。"[1]从赵括"纸上谈兵"到两晋学士"虚谈废务"，空谈误国一直是历史上治国理政的大忌，翻开中华民族悠久的历史画卷，一个颠扑不破的真理就是：中华民族兴于实干、衰于空谈。实干精神一直是中国共产党的先进本色。从实现民族独立到初步建立国家工业体系，从改革开放后的经济腾飞到全面深化改革的攻坚克难，无不彰显着中国共产党人求真务实、真抓实干的精神。

真抓实干、注重落实必须发扬钉钉子精神。抓落实就好比在墙上钉钉子：钉不到点上，钉子要打歪；钉到了点上，只钉一两下，钉子会

---

〔1〕习近平：《承前启后继往开来 朝着中华民族伟大复兴目标奋勇前进》，《人民日报》2012年11月30日。

掉下来；钉个三四下，过不久钉子仍然会松动；只有连钉七八下，这颗钉子才能牢固。钉钉子关键是要抓住问题的关键点，既要"专"，也要"钻"，埋头苦干，步步为营，把工作落到实处，做出经得起实践、人民、历史检验的实绩。对领导干部来说，发扬钉钉子精神，就是要说实话、办实事、想实招、求实效，不要做"形象工程""政绩工程"，要对自己负责、对党负责、对人民负责。

（五）通过学习提高解决问题的本领

当今时代，世界形势风云突变，国内挑战越发严峻，"硬骨头"越来越多，"险滩"越来越多。学习就是为了修炼内功，以学益智，以学修身，自身"硬"了，才"啃"得下"硬骨头"，才能"涉深潭""过险滩"。正如习近平总书记所指出的："好学才能上进。中国共产党人依靠学习走到今天，也必然要依靠学习走向未来。我们的干部要上进，我们的党要上进，我们的国家要上进，我们的民族要上进，就必须大兴学习之风，坚持学习、学习、再学习，坚持实践、实践、再实践。"[1]我们要始终把学习作为第一要求，大兴学习之风，注重培养广大党员干部愿学习、会学习、全员学习、终身学习的坚定理念。通过学习不断提升广大党员干部的政治领导本领、改革创新本领、科学发展本领、依法执政本领、群众工作本领、狠抓落实本领和驾驭风险本领。学好了本领才能更好地服务人民，才能跨越"中等收入陷阱""刘易斯拐点""塔西佗陷

---

〔1〕习近平：《在中央党校建校 80 周年庆祝大会暨 2013 年春季学期开学典礼上的讲话》，《人民日报》2013 年 3 月 3 日。

阱"，才能突破艰难险阻，实现创新发展。

1. 学习要以问题为导向

学习要有方向性、针对性，要坚定问题导向。党的十八大以来，以习近平同志为核心的党中央基于治国理政中的新问题、新实践，围绕政治、经济、文化、社会、生态、外交、国防中的一系列突出问题，不断总结经验，取得了一系列重大理论成果，不断续写马克思主义中国化新篇章。但在当前党的建设中，不善于学习的问题依然存在，有些党员干部不思进取、故步自封，以为掌握了一些工作方法就一劳永逸了，面对新情况、新问题，仍然用老观念、老思想去认识和解决，结果适得其反；有的党员干部也学习，但方向有问题，抓不住关键点。学习必须与广大人民群众最关心、最直接、最现实的利益问题结合起来，注重促进社会事业优势均衡发展、提升民生保障水平、完善社会服务管理体系。

2. 学习要以运用为目的

"纸上得来终觉浅，绝知此事要躬行。"学习要知行合一，学以致用。基础在学，关键在用，学习不是为了装点门面，不是摆花架子，而是要指导实践。学习的过程即理论联系实际、观照现实的过程，不能只会夸夸其谈，陷于"客里空"。有的党员干部在学习过程中把学习专业知识丢在一旁，学养生、学小资情调、学营造关系，这是脱离基层、脱离实践、脱离人民的表现，只会走向本本主义、教条主义，流于假大空。学习是工作的核心，工作是学习的深入，要在干中学、学中干，学以致用、用以促学、学用相长。因此，学习必须与工作实践结合起来，在新时代全面深化改革的攻坚克难期，要明确发展方向和要求，创新发展理念和思路，破解发展困境和难题。

3.学习要常态化、制度化

要把学习作为一种生活方式、工作方式，做到主动学、自觉学、坚持学。学习要持之以恒，要取得实效，必须靠制度建设来保障。通过用制度管学习、促学习，建立健全各种学习配套保障制度，构建推动学习的长效机制，将学习由"软要求"转变为"硬约束"，推动学习活动常态化、持久化、规范化，避免走过场、一阵风。比如，通过建立和完善党员培训制度，实现对广大党员干部全学员、全方位、全过程的培训。培训应有针对性，要针对工作中的难点、痛点，举办各种形式的培训班，分层次对党员干部进行培训；要丰富课程内容，创新学习形式，使广大党员干部可以根据自身工作的需要、自身发展的需要选择课程。通过培训学习，有效提升广大党员干部的工作效率、工作能力，提升工作单位的凝聚力。通过将学习成果不断转化为生产和工作的价值，更有益于提升各级党组织的战斗力和领导力。

第八章

中国全球治理方案：
共赢共享的力量

我们将坚定走和平发展道路，决不损人利己、以邻为壑。中方将继续在和平共处五项原则基础上深化同各国的友好合作，通过和平方式处理同有关国家的领土主权和海洋权益争端，支持对话协商解决地区热点问题。

——习近平在亚信第五次峰会上的讲话（2019 年 6 月 15 日）

公元前 5 世纪，古希腊历史学家修昔底德在《伯罗奔尼撒战争史》一书中，通过对雅典与斯巴达长达 30 年的战争进行分析后指出，当一个崛起的大国与既有的统治霸主竞争时，双方面临的危险多数以战争告终。近些年，随着中国的不断崛起，这个观点也被西方的一些学者热炒起来，并声称"修昔底德陷阱"是国际关系的铁律，也就是说，一个新崛起的大国必然要挑战现存大国，而现存大国也必然会回应这种威胁，这样战争将不可避免。由此，一些西方学者便将当今时代的中美关系比作雅典和斯巴达的历史重现。从实质意义上看，"修昔底德陷阱"无非是由来已久的"中国威胁论"的沉渣泛起。

2014 年 1 月，习近平主席在接受《世界邮报》专访时反驳了这一观点："我们都应该努力避免陷入'修昔底德陷阱'，强国只能追求霸权的主张不适用于中国，中国没有实施这种行动的基因。"[1]中华民族自古就崇尚"以和为贵""协和万邦""四海之内皆兄弟"的和平交往理念，与其他国家和地区开展友好交往。2017 年，习近平总书记在中国共产党与世界政党高层对话会上的主旨讲话中指出："2000 多年前，中国古代

---

[1]《习近平对世界如是说》，《人民日报》（海外版）2015 年 11 月 23 日。

思想家孔子就说，益者三友，友直、友谅、友多闻。中国共产党愿广交天下朋友。长期以来，中国共产党同世界上160多个国家和地区的400多个政党和政治组织保持着经常性联系，'朋友圈'不断扩大。面向未来，中国共产党愿同世界各国政党加强往来，分享治党治国经验，开展文明交流对话，增进彼此战略信任，同世界各国人民一道，推动构建人类命运共同体，携手建设更加美好的世界！"〔1〕

一、始终不渝走和平发展道路

自古以来，中华民族就是爱好和平的民族，对和平、和睦、和谐的追求早已深深植根于中华民族的精神世界之中，深深溶化在中国人民的血脉之中。始终不渝走和平发展道路，是当代中国从历史、现实、未来的客观判断中得出的结论，是根据时代发展潮流、国家根本利益和人民美好愿望所作出的必然选择，是任何力量都无法动摇的坚定信念。习近平总书记指出，"中国梦需要和平，只有和平才能实现梦想"〔2〕，中国将坚定不移地走和平发展道路，并呼吁世界各国共同走和平发展道路，共建共享和平、发展、繁荣的美好世界。

（一）中华民族的天下情怀

在新加坡圣淘沙岛的海事博物馆里，有一艘按原尺寸复制的郑和宝

---

〔1〕习近平：《在中国共产党与世界政党高层对话会上的主旨讲话》，《人民日报》2017年12月2日。
〔2〕习近平：《在中法建交50周年纪念大会上的讲话》，《人民日报》2014年3月29日。

船。宝船足有三层楼高，雄伟异常。宝船的船头，也是博物馆的开放式剧场，参观者可以在大屏幕上观看动画短片，重温郑和下西洋的历史故事。600 多年前，明朝"三宝太监"郑和率领当时世界上最庞大的船队（200 多艘海船，2.7 万多人），先后 7 次下西洋，前后历时 28 年，造访亚非 30 多个国家和地区，史称"郑和下西洋"。此壮举，比欧洲国家航海时间早半个多世纪，堪称"大航海时代"的先声。尽管拥有当时世界上规模最大的船队，郑和下西洋却并非为了侵占他国、掠夺他族，更非充当所谓的"海上霸主"，恰恰相反，郑和一直是东西方交流的"和平使者"。他每到一国只做三件事：宣谕皇帝诏书，表达共享天下太平之福的期望；向国王和官员赠送礼物，传递建立和发展友好往来的意愿；商谈贸易。郑和 7 次下西洋，没有占领他国一寸土地，没有掠夺他国一点儿财物，对所有国家民族都以礼相待、平等交往，还给所到之国的人民带去了大量的丝绸、瓷器等精美物品。因此，在很多国家和地区，郑和宝船至今仍被视为"和平""友好""交流"的象征。《周易》有言："乾道变化，各正性命，保合大和，乃利贞。首出庶物，万国咸宁。"和平与发展作为中华民族最深层的内在基因和精神追求，展现了中华民族追求共享天下太平之福的"天下情怀"。

意大利传教士利玛窦曾指出："中国是一个和平主义的国家，与西方的历史文化传统完全不同，在这个几乎有无数人员的无限幅员的国家，而各种物产又极为丰富，虽然他们都有装备精良的陆军和海军，很容易征服临近的国家，他们的皇上和人民却从未想过要发动侵略战争，他们很满足于自己已有的东西，没有征服的野心……我仔细研究了中国长达 4000 多年的历史，我不得不承认，我从未见到有这类征服的记载，也没听说过他们扩张国界。"

2014 年 3 月 28 日，习近平主席在德国科尔伯基金会的演讲中指出："中华民族是爱好和平的民族。一个民族最深沉的精神追求，一定要在其薪火相传的民族精神中来进行基因测序。有着 5000 多年历史的中华文明，始终崇尚和平，和平、和睦、和谐的追求深深植根于中华民族的精神世界之中，深深溶化在中国人民的血脉之中。中国自古就提出了'国虽大，好战必亡'的箴言。'以和为贵'、'和而不同'、'化干戈为玉帛'、'国泰民安'、'睦邻友邦'、'天下太平'、'天下大同'等理念世代相传。中国历史上曾经长期是世界上最强大的国家之一，但没有留下殖民和侵略他国的记录。我们坚持走和平发展道路，是对几千年来中华民族热爱和平的文化传统的继承和发扬。"[1]

中华民族的天下情怀中始终孕育着和平与发展的价值理念。

第一，追求天下太平。《礼记·大学》有言："古之欲明明德于天下者，先治其国；欲治其国者，先齐其家；欲齐其家者，先修其身；欲修其身者，先正其心……身修而后家齐，家齐而后国治，国治而后天下平。"宋代理学家张载认为，知识分子应该"为天地立心，为生民立命，为往圣继绝学，为万世开太平"。

第二，追求世界大同。《礼记·礼运》载："大道之行也，天下为

---

〔1〕习近平：《在德国科尔伯基金会的演讲》，《人民日报》2014 年 3 月 30 日。

公，选贤与能，讲信修睦。故人不独亲其亲，不独子其子，使老有所终，壮有所用，幼有所长，鳏寡孤独废疾者，皆有所养。男有分，女有归。货恶其弃于地也，不必藏于己；力恶其不出于身也，不必为己。是故谋闭而不兴，盗窃乱贼而不作，故外户而不闭，是谓大同。"

第三，追求兼爱非攻。《墨子·兼爱上》载："天下兼相爱则治，交相恶则乱。""国与国不相攻，家与家不相乱，盗贼无有，君臣父子皆能孝慈。"

（二）和平与发展是全人类的共同夙愿

很多人走近联合国的游客大厅入口处，都会被门口的一尊黑色青铜雕塑所吸引，那是一把左轮手枪，但是枪管被打成了一个结，名曰"打结的枪"。这尊雕塑最初是为纪念英国反战摇滚音乐家约翰·列侬而设计的，雕塑的寓意很明确，那就是：制止战争，追求和平，因此"打结的枪"又被称为"和平之枪"。目前"打结的枪"有30多个不同版本的复制品被陈列在17个国家和地区，其中包括北京朝阳公园。作为反对暴力和战争的最具代表性的象征，"打结的枪"承载了全人类期盼和平的美好愿望。

战争与和平是永恒的历史主题，也是现代人类面临的最大课题。战争与和平就如同孪生兄弟，始终相伴相生，形影不离。据瑞典、印度学者统计，从公元前3200年到公元1964年，5164年间，只有329年是和平的，而其余时间世界上共发生战争14513次，平均每年发生战争近2.6次。这些战争给人类造成了严重灾难，使 36.4 亿人丧生，损失的财富折合成黄金可以铺一条宽 150 千米、厚 10 米、环绕地球一周的金带。其中，第二次世界大战直接和间接死于战争的人数就达 7000 万。那么第二次世界大战以来的情况怎样呢？据联合国统计，1946 — 1985 年，世界上共发生过 140 次局部战争和武装冲突，夺去了 2100 万人的生命。

古往今来，实现和平与发展始终是全人类最持久的共同夙愿。德国思想家歌德曾经说："人无国王、庶民之分，只要家有和平，便是最幸福的人。"和平像阳光一样温暖、像雨露一样滋润。有了阳光雨露，万物才能茁壮成长。有了和平稳定，人类才能实现自己的梦想。历史告诉我们，和平是需要争取的，和平是需要维护的。只有人人都珍惜和平、维护和平，只有人人都吸取战争的惨痛教训，和平才有希望。

马克思指出："人的本质不是单个人所固有的抽象物，在其现实性上，它是一切社会关系的总和。"[1] 作为"类存在物"，人的本质只能在"社会关系"中才能得到确证，离开了人类社会，个人既无法从事生产活动，也无法从事政治、科学、文化艺术等其他社会活动，并且随着人类实践活动的不断发展，社会成员交往的范围也越发广泛，人与人之间的联系也越发紧密深入，人类历史日益从民族的、区域的历史向全球的、世界的历史转变。回顾人类历史发展的进程，我们可以看到，人类社会越是发展，人类的命运越是休戚相关、紧密相连，人类也越是向往

---

[1] 马克思：《关于费尔巴哈的提纲》，《马克思恩格斯选集》第一卷，人民出版社 2012 年版，第 135 页。

和平与发展。

近代以来，人类社会经历了血腥的热战、冰冷的冷战，也取得了惊人的发展、巨大的进步。20 世纪上半叶以前，人类遭受了两次世界大战的劫难，那一代人最迫切的愿望就是免于战争、缔造和平。20 世纪五六十年代，殖民地人民普遍觉醒，他们最强劲的呼声就是摆脱枷锁、争取独立。冷战结束后，各国最殷切的诉求就是扩大合作、共同发展。可以说，追求世界和谐与发展既是人的本质确证的根本要求，更是古往今来尤其是近代以来人类社会普遍的希冀和夙愿。

战争是残酷的，但正义永远有人在坚守。人性的光芒，不会因为黑暗而熄灭。习近平总书记在纪念中国人民抗日战争暨世界反法西斯战争胜利 70 周年招待会上，讲述了中国人民与国际友人守望相助、共御侵略的故事：中国人民永远不会忘记，世界上爱好和平与正义的国家和人民、国际组织对中国人民抗日战争给予的宝贵支持。苏联给予中国抗战有力的物资支持，美国"飞虎队"冒险开辟"驼峰航线"，朝鲜、越南、加拿大、印度、新西兰、波兰、丹麦、德国、奥地利、罗马尼亚、保加利亚等国的一大批反法西斯战士直接参加了中国抗战。加拿大医生白求恩、印度医生柯棣华不远万里来华救死扶伤，法国医生贝熙叶开辟运输药品的自行车"驼峰航线"，德国的拉贝、丹麦的辛德贝格在南京大屠杀中千方百计保护中国难民，英国的林迈可、国际主义战士汉斯·希伯等记者积极报道和宣传中国抗战壮举。战争后期，苏联红军开赴中国东北战场，同中国军民一道对日作战，加速了彻底打败日本侵略者的进程。这些事迹至今仍在中国人民中间广为传颂。

（三）中国梦与世界各国的美好梦想息息相通

2018 年 11 月，美国国会连续发布了两个长篇报告：一个是美国国防战略委员会发布的《为共同防御做好准备》，另一个是美中经济与安全审查委员会提交国会的《2018 年度报告》。前者指出俄罗斯与中国对美国安全构成最大威胁，美国正在面对"战略竞争对手"中国与俄罗斯的挑战，美军优势弱化已达"危险程度"，必须采取果断措施"重建美军优势"；后者重点突出了中国经济和安全政策给美国带来的新威胁。

"中国威胁论"的论调其实由来已久，新中国成立之初，美国就在联合国宣传"中国对邻国的威胁"，之后，西方世界基于意识形态方面的考虑，大肆宣扬"中国威胁论"。冷战结束后尤其是随着中国综合国力的迅速增强，"中国威胁论"也不断改换升级，愈演愈烈，从"儒家文明威胁论"到"粮食威胁论"，从"军事威胁论"到"经济威胁论"，还有"计算机黑客威胁论""食品安全威胁论""环境威胁论"，等等。中国梦的提出，更被一些国家认为是一种"威胁"，认为中国梦就是"扩张梦""霸权梦"。在他们看来，"修昔底德陷阱"是包括中国在内的任何一个国家都不可逾越的天堑，如今中国这头"东方睡狮"已经醒来并日益成为全球发展的领跑者，必然会威胁他们在全球的霸主地位。但中国人民并不接受"国强必霸"的逻辑，走和平发展道路是新中国成立以来特别是改革开放以来中国人民始终不渝的坚定信念。正如习近平总书记所说："历史将证明，实现中国梦给世界带来的是机遇不是威胁，是和平不是动荡，是进步不是倒退。拿破仑说过，中国是一头沉睡的狮子，当这头睡狮醒来时，世界都会为之发抖。中国这头狮子已经醒了，但这是一只和平的、可亲的、文明的狮子。"[1]

实现中华民族伟大复兴的中国梦，是中国共产党人所肩负的伟大历史使命，凝聚着几代中国人的共同夙愿，中国梦既是国家富强、民族振兴、人民幸福的中华民族之梦，同时，也与世界各国的美好梦想息息相通。

原巴西驻华大使胡格内认为，中国梦和巴西梦有相似之处，都是追求建立一个更加公平正义、更加开放、收入分配更加合理的社会；公众可以积极地参与政治、经济生活，拥有属于他们的空间，享受更富有成果的人生。南非前总统府部长帕哈德认为，中国梦就是要实现三个主要目标，即实现国家的繁荣，中华民族的崛起、复兴，人民的幸福。这三个目标是联系在一起的。中国和非洲有共同的目标，我们所有人都希望打造一个更加和平、更加稳定的世界。平等的国家与国家之间的关系，消除贫困，消除不发达的现象，消除失业，让所有国家的人民都享有更加美好的生活。

"穷则独善其身，达则兼善天下。"世界繁荣稳定是中国的机遇，中国的发展也是世界的机遇。历史和现实都已证明，中国无论发展到什么程度，始终是世界和平的建设者、全球发展的贡献者、国际秩序的维护者。习近平主席在国际交往的多种场合多次宣示：中国梦是和平、发展、合

---

〔1〕习近平：《在中法建交 50 周年纪念大会上的讲话》，《人民日报》2014 年 3 月 29 日。

作、共赢的梦，与世界各国人民的美好梦想息息相通，中国人民愿意将自身发展经验和机遇同世界各国分享，欢迎各国搭乘中国发展"顺风车"，实现共同发展，让大家一起过上好日子。

中国始终是世界和平的建设者、国际秩序的维护者。目前，中国军队共有 2500 余名官兵在联合国 7 个任务区及维和部执行维和任务，是联合国安理会常任理事国中派出维和人员最多的国家，也是联合国维和行动第二大出资国，被国际社会誉为"维和行动的关键因素和重要力量"。近 30 年来，中国维和官兵累计新建、修复道路 1.6 万余千米，排除地雷及各类未爆炸物 9800 余枚；接诊患者超过 20 万人次；运送各类物资器材 135 万吨，运输总里程达 1300 万千米。

中国经济增长不断为全球发展注入强劲动力。数据显示，2018 年中国外贸进出口总值为 4.62 万亿美元，稳居世界第一，成为 120 多个国家第一大贸易伙伴；2017 年对外直接投资存量为 1.8 万亿美元，成为全球第二大对外投资国；2012 年以来，经济总量稳居世界第二，对世界经济增长贡献率为年均 30% 以上，超过美国、欧元区和日本贡献的总和。

2018 年 1 月 5 日，我国外文局发布了《中国国家形象全球调查报告2016 — 2017》，本次调查在全球 22 个国家展开，包括亚洲、欧洲、北美洲、南美洲、大洋洲、非洲等不同区域的民众，访问样本共 11000 个。报告显示，中国对全球治理的贡献表现获得 6.5 分，中国国内治理的表现获得 6.2 分，近四成受访者认可中国"全球发展的贡献者"的形象；超六成受访者对中国在科技和经济领域参与全球治理的表现表示"非常认可"或"比较认可";受访者还希望加大本国与中国的经贸合作和科技合作。

二、构建人类命运共同体的大国担当

人类共有一个家园，各国共处一个世界。当今世界正处于大变革大调整时期，面临"百年未有之大变局"，世界多极化、经济全球化深入发展，社会信息化、文化多样化持续推进，新一轮科技革命和产业革命正孕育成长。同时，和平赤字、发展赤字、治理赤字等一系列全球性问题越发凸显。对抗还是合作，战争还是和平，全球发展已走在了十字路口。

站在全球发展的十字路口，我们不禁要思考与全人类命运休戚相关的问题：人类社会将走向何处？人类命运将走向何处？面对这样的"时代之问""人类之问"，中国率先给出了方案。2012年党的十八大明确提出："要倡导人类命运共同体意识，在追求本国利益时兼顾他国合理关切，在谋求本国发展中促进各国共同发展，建立更加平等均衡的新型全球发展伙伴关系，同舟共济，权责共担，增进人类共同利益。"2015年9月，习近平主席在第七十届联合国大会一般性辩论时的讲话中指出："当今世界，各国相互依存、休戚与共。我们要继承和弘扬联合国宪章的宗旨和原则，构建以合作共赢为核心的新型国际关系，打造人类命运共同体。"[1]

---

〔1〕习近平：《在第七十届联合国大会一般性辩论时的讲话》，《人民日报》2015年9月29日。

构建人类命运共同体，是习近平总书记着眼人类发展和世界前途提出的中国理念、中国方案，受到国际社会的高度评价和热烈响应。诺贝尔经济学奖得主安格斯·迪顿认为，人类命运共同体理念是非常伟大的。中国为实现这个目标所作的努力令人钦佩，非常赞赏中国经济发展对世界和全球化的持续贡献。美国《全球策略信息》杂志华盛顿分社社长、国际问题专家威廉·琼斯表示："构建人类命运共同体以及合作共赢等理念都是值得提倡的，也得到国际社会的广泛认同。中国既是理念的提出者，也是这些理念的践行者，'一带一路'倡议等就是这些理念的具体体现。"[1] 目前，构建人类命运共同体已被多次写入联合国文件，产生了日益广泛而深远的国际影响，成为中国引领时代潮流和人类文明进步方向的鲜明旗帜。

（一）百年未有之大变局

和平与发展仍是当今世界的主题，各国相互联系、相互依存，全球命运与共、休戚相关，和平力量的上升远远超过战争因素的增加，和平、发展、合作、共赢的时代潮流更加强劲。同时，当今世界也正处于大变革大调整时期。

1.新一轮科技革命导致全球经济格局深刻变革

科技是第一生产力，近代以来的历史和现实昭示我们，科技革命是推动生产力大变革并进而推动社会大变革的首要动力，科技革命必然

---

[1]《构建人类命运共同体，中国展现行动力》，《人民日报》2017年12月3日。

导致产业变革，产业变革必然导致经济结构的调整。当今世界，科技发展日新月异，人工智能、量子科技等新技术成果层出不穷，新的经济增长点不断孕育，各个国家纷纷抢占科技制高点，科技领域的竞争愈演愈烈，世界经济格局将面临深刻变革。

2. 世界多极化加速推进导致国际格局深刻调整

步入 21 世纪，人类历史也并未如福山所言"终结"于西方的自由民主制，非西方式的制度模式与发展模式价值不断彰显，尤其是在 2008 年全球金融危机的影响下，基于西方中心主义、自由主义、资本主导的逻辑为文明根基的资本主义全球化发展已触碰到"天花板"，美国"一超独霸"的局面已难以支撑，欧洲发达国家的世界主导地位和影响力也逐渐式微，而与之相伴随的是以中国为代表的新兴经济体和发展中国家不断崛起，对全球各领域发展的贡献和影响力不断提升。近些年来，发展中国家贡献了约 80% 的全球经济增量。新兴国家的崛起和话语权的不断提升，也进一步导致世界权力中心、经济中心、战略中心的转移并逐渐分散，国际格局面临深刻调整。

3. 国际力量的此消彼长导致全球治理体系深刻变革

全球治理格局取决于国际力量对比，全球治理体系变革源于国际力量对比变化。全球治理格局本质上反映了国际力量的对比，有什么样的国际力量比例关系就会产生相应的全球治理格局。当前的全球治理体系是以维护西方国家利益为目的的"非中性"国际规则体系，从产生之初就具有排他性和等级性，这也导致了其不断走向封闭自保而畏于变革。因此，当全球化不断走向深入、新问题领域不断产生时，现有全球治理体系的控制范围缩小，治理力度也有所减小，全球治理需求供给明显不足。随着国际力量的此消彼长，尤其是东西差距、南北差距的不断缩小，新兴市场国家和发展中国家的话语权、参与权诉求不断增长，要求重构全球治理体制的呼声越发强烈，全球治理体系面临深刻变革。

4.传统安全威胁与非传统安全威胁相互交织

人类也正处于一个挑战层出不穷、风险日益增多的时代。全球发展的不确定性、风险性更加凸显。世界经济增长乏力且越发不平衡，保护主义及逆全球化思潮开始抬头，南北发展失衡，区域发展失衡；国际安全不确定性和风险点增多，主要表现为传统安全威胁与非传统安全威胁的相互交织。传统安全威胁持续发展，大国博弈不断加剧，军备竞赛愈演愈烈，军事威胁时有发生，地缘政治冲突风险升级。非传统安全威胁日益凸显，恐怖主义、民族主义、单边主义、宗教极端思想兴起，难民危机、重大传染性疾病，环境安全、经济安全、信息安全等安全威胁持续蔓延；和平赤字、发展赤字、治理赤字等一系列全球性问题成了人类社会面临的严峻挑战。

（二）全球治理的中国方案

大道之行，天下为公。构建人类命运共同体的提出正是对"实现什么样的全球发展，怎么样来推进全球发展"这样的"时代之问""人类之问”的积极回应。自党的十八大报告首次明确提出"倡导人类命运共同体意识"以来，习近平总书记不仅在多个重要场合从理论层面反复强调并阐发了推进和构建人类命运共同体的思想内涵，更通过以"一带一路"倡议为核心的国际合作等具体路径，从实践层面来推进构建人类命运共同体。

作为习近平新时代中国特色社会主义思想的重要组成部分，构建人类命运共同体的提出为全球发展指明了方向，提供了中国方案，向世界展示了新时代中国的大国智慧和大国担当。2018年4月，英国剑桥大学高级研究员马丁·雅克在英国伦敦召开的"新时代中国"国际研讨会上指出："中国自身的巨变以及它对未来的感知十分重要，如果从更深刻的意义上看，中国就是未来！"[1]

人类命运共同体理念为世界未来发展指明了方向，即构建以多元一体为格局、以人类共同价值为基础的人类利益共同体，其价值目标便是建设一个持久和平、普遍安全、共同繁荣、开放包容、清洁美丽的和谐新世界。文明差异不应该成为世界冲突的根源，而应该成为人类文明进步的动力。

人类命运共同体理念的提出和推进是顺应世界发展潮流、符合人类社会历史发展规律的必然选择，反映了人类社会共同的价值追求，汇聚了世界各国人民对和平、发展、繁荣向往的"最大公约数"，对中国和平发展和世界繁荣进步都具有重大而深远的意义。

---

[1]《"新时代中国"国际研讨会在伦敦举行》，新华网2018年4月12日。

人类命运共同体理念实现了对全球化发展模式的超越，超越了资本逻辑主导下的全球化发展模式，以人类共同利益为基础的人本逻辑主导下的国际新秩序，推动全球化朝着更加开放、包容、普惠、平衡、共赢的方向发展；实现了对传统思维方式的超越，超越了西方传统的"主客体二元对立""零和博弈"的思维方式，以"以和为贵"的和平思维、"己欲达而达人"的发展思维、"兼善天下"的互利共赢思维等，实现了对原有文明交往方式的超越，超越了基于"西方文明中心主义"的对抗式文明交往方式。"西方文明中心主义"主要表现为西方发达国家以自身为尺度，强行推广其主流价值和制度模式，并将此标榜为"普世文明"，作为衡量其他文明好坏的标准，以此标准蔑视发展中国家、诋毁社会主义国家，实现其文化殖民的战略意图。人类命运共同体理念则以"天下"为尺度，提倡建立以文明交流超越文明隔阂、文明互鉴超越文明冲突、文明共存超越文明优越的多元文明互动交往新格局，推进多元文明之间的平等对话、互鉴包容、共存共在。

美国《每日期刊》首席市场官李奥纳多·奥莱托表示："习近平主席提出的构建人类命运共同体是一个极佳的理念，这一理念把不同国家和民族凝聚到一起，这将会取得巨大的成功。"韩国湖西大学教授全家霖指出："国际关系归根结底还是和平与发展。所以，各国分享基于和平与发展所秉持的理念和执行的政策十分重要。正是如此，习近平主席将构建人类命运共同体这一理念作为解决该问题的办法。"澳大利亚悉尼大学商学院教授汉斯·杭智科称："习近平主席提出的构建人类命运共同体的理念为中国对全球化进程作出了一个重要的、清晰的承诺。在当前全球化进程在某种程度上受到阻碍的背景下，来自中国的承诺将会是非常必要的。"法国团结与进步党主席雅克·舍米纳德认为："习近平主席提出的构建人类命运共同体的理念对世界来说是共赢的，这意味着各国将会和谐发展。中国在发展中从未把自己的制度强加给其他国家，打破了'零和'游戏规则，引领世界走入和谐发展轨道。"

（三）构建人类命运共同体的基本路径

前途是光明的，道路是曲折的。人类命运共同体的实现不是一蹴而就、一帆风顺的，必然要经历长期曲折的过程，必然需要全人类经过漫长奋斗方能实现。这就要求我们必须坚持共同发展、共同繁荣的原则，平等交流、互学互鉴的原则，义利兼顾、互利互惠的原则，共商共建、共享共赢的原则，和平共处、天下共宁的原则，不断汇聚不同文明的历史智慧，凝聚全球和平与发展的磅礴力量，如此，人类持久和平与普遍繁荣的梦想终将照进现实。正如习近平总书记所指出的，构建人类命运共同体，关键在行动，中国将始终做世界和平的建设者、全球发展的贡献者、国际秩序的维护者。中国人民愿意同各国人民一道，积极发展全球伙伴关系，推动人类命运共同体建设，共同创造人类的美好未来。

1. 坚持对外开放基本国策，推动建设开放型世界经济

开放是实现国家繁荣富强的根本出路，奉行互利共赢的开放战略，不断创造更全面、更深入、更多元的对外开放格局，是中国的战略选

择。习近平总书记在党的十九大报告中指出："中国坚持对外开放的基本国策，坚持打开国门搞建设，积极促进'一带一路'国际合作，努力实现政策沟通、设施联通、贸易畅通、资金融通、民心相通，打造国际合作新平台，增添共同发展新动力。加大对发展中国家特别是最不发达国家援助力度，促进缩小南北发展差距。中国支持多边贸易体制，促进自由贸易区建设，推动建设开放型世界经济。"

2. 秉持正确义利观和真实亲诚理念，积极发展全球伙伴关系

要秉持正确义利观，以义为先、义利兼顾，秉持真实亲诚理念同各国共谋发展。积极发展全球伙伴关系，要注重以周边和大国为重点，以发展中国家为基础，以多边为舞台，以深化务实合作、加强政治互信、夯实社会基础、完善机制建设为渠道，全面发展同各国友好合作，打造覆盖全球的"朋友圈"。习近平总书记在党的十九大报告中指出："中国积极发展全球伙伴关系，扩大同各国的利益交汇点，推进大国协调和合作，构建总体稳定、均衡发展的大国关系框架，按照亲诚惠容理念和与邻为善、以邻为伴周边外交方针深化同周边国家关系，秉持正确义利观和真实亲诚理念加强同发展中国家团结合作。"

3. 秉持共商共建共享的全球治理观，积极参与全球治理体系改革和建设

习近平总书记在党的十九大报告中指出："中国秉持共商共建共享的全球治理观，倡导国际关系民主化，坚持国家不分大小、强弱、贫富

一律平等，支持联合国发挥积极作用，支持扩大发展中国家在国际事务中的代表性和发言权。中国将继续发挥负责任大国作用，积极参与全球治理体系改革和建设，不断贡献中国智慧和力量。"共商共建共享的全球治理观是习近平新时代中国特色社会主义外交思想的重要组成部分，是我国针对全球治理问题提出的解决思路和方案。

三、"一带一路"建设的生动实践

"驼铃古道丝绸路，胡马犹闻唐汉风。"公元前140多年的中国汉代，一支从长安出发的和平使团，开始打通东方通往西方的道路，完成了"凿空之旅"，这就是著名的张骞出使西域。中国唐宋元时期，陆上和海上丝绸之路同步发展，中国、意大利、摩洛哥的旅行家杜环、马可·波罗、伊本·白图泰都在陆上和海上丝绸之路留下了历史印记。15世纪初的明代，中国著名航海家郑和率庞大船队多次远洋航海，留下千古佳话。这些开拓事业之所以名垂青史，是因为使用的不是战马和长矛，而是驼队和善意；依靠的不是坚船和利炮，而是宝船和友谊。一代又一代"丝路人"架起了东西方合作的纽带、和平的桥梁。作为人类文明史上的一个伟大创举，丝绸之路不仅是一条互通有无之路，也是一条民心相通之路，更是一条文明互鉴、共同繁荣之路。

2013年9月7日，习近平主席在哈萨克斯坦纳扎尔巴耶夫大学作题为"弘扬人民友谊 共创美好未来"的演讲，提出共同建设"丝绸之路经济带"。2013年10月3日，习近平主席在印度尼西亚国会作题为"携手建设中国—东盟命运共同体"的演讲，提出共同建设"21世纪海上丝绸之路"。共建丝绸之路经济带和21世纪海上丝绸之路重大倡议的提出，是习近平总书记深刻思考人类前途命运以及中国和世界发展大势、为促进全球共同繁荣所作出的重大战略决策，是连通中国梦与世界各国人民梦想的纽带和桥梁，是构建人类命运共同体的重要战略平台和生动实践，为破解全球发展难题贡献了中国智慧、中国方案，展现了当代中国的天下情怀和大国担当。

2014年10月，英国《金融时报》一篇题为"新'马歇尔计划'"的报道引发了广泛关注。文章回顾了多起中资企业在欧洲大陆各地收购资产的事件，把中国资本在欧洲的扩张和抱负以及对最脆弱的经济体的兴趣视为第二个"马歇尔计划"的开端。这些论述引起了部分外媒的猜忌，并试图把"一带一路"倡议与扩张性战略"马歇尔计划"相关联。"一带一路"是当代中国向世界提供的国际公共产品，更是中国与各国共同构建人类命运共同体的生动实践，与"马歇尔计划"有着本质的不同。2018年4月11日，习近平主席在集体会见博鳌亚洲论坛现任和候任理事时指出，"一带一路"不像国际上有些人所称是中国的一个阴谋，它既不是二战结束之后的"马歇尔计划"，也不是什么中国的图谋，要有也是"阳谋"，我们秉持的是共商共建共享原则，把政策沟通、设施联通、贸易畅通、资金融通、民心相通落到实处，打造国际合作新平台，增添共同发展新动力，使"一带一路"惠及更多的国家和人民。

"一带一路"是和平之路、繁荣之路、开放之路、创新之路和文明之路，是顺应时代潮流、适应发展规律、符合世界各国人民利益的金光大道。"一带一路"倡议提出伊始，便备受国际社会关注，受到沿线国家广泛响应，目前，全球已有140多个国家和地区、80多个国际组织积极参与和支持"一带一路"建设。"大道至简，实干为要。"我们始终秉持共商共建共享原则，以政策沟通、设施联通、贸易畅通、资金融通和民心相通合作为支撑，以构建全面对外开放新格局为努力方向，让"一带一路"建设造福沿线各国人民。

2017年，北京外国语大学丝绸之路研究院发起了一次留学生民间调查。由"一带一路"沿线20国青年进行投票，选出了他们心目中的中国新四大发明：高铁、网购、扫码支付、共享单车，可以说，中国最便利的生活方式"新四大发明"已经深深融入他们的生活。受访的外国青年纷纷表示，中国的"新四大发明"，是他们最想带回祖国的生活方式。如今，在"一带一路"沿线国家，"印度版支付宝""泰国版阿里巴巴""菲律宾版微信""印尼版滴滴"等实现本土化，使当地民众体会到"互联网＋"的方便与实用。

一花独放不是春，百花齐放春满园。据统计，自2013年至2017年，中国与"一带一路"沿线国家和地区，货物贸易额累计超过5万亿美元，对外直接投资超过700亿美元，中国企业在沿线国家和地区推进建设75个经贸合作区，上缴东道国税费22亿美元，创造了21万个就业岗位。2017年5月，首届"一带一路"国际合作高峰论坛成功举办，成为推动全球发展合作的机制化平台，赢得国际社会的高度赞誉。

近日，美国智库全球发展中心网站发表文章指出，最新研究显示，中国的"一带一路"倡议 2019 年将为全球贸易增加 1170 亿美元。文章援引贸易信贷保险公司裕利安怡集团的研究说，中国与"一带一路"倡议目标国家之间的商品贸易额 2019 年将增加 1170 亿美元，对中国来说这将意味着出口增加 560 亿美元，同时它还将从约 80 个国家多进口价值 610 亿美元的商品。研究预计，这将使全球贸易增长 0.3%，使全球增长增加 0.1%。[1]

---

[1] 参见《研究显示"一带一路"推动全球贸易增长》，新华网 2019 年 2 月 6 日。

后 记

　　七十年风雨兼程，七十载砥砺前行。70年，在人类发展史上只是弹指一挥间。但是中国人民在这个时间段内，却创造了波澜壮阔、惊天动地的历史。70年来，由新民主主义走向社会主义，由开创和发展中国特色社会主义到步入中国特色社会主义新时代，中华民族实现了从站起来、富起来到强起来的伟大飞跃，迎来了中华民族伟大复兴的光明前景。

　　习近平总书记在庆祝改革开放40周年大会上指出："四十载惊涛拍岸，九万里风鹏正举。江河之所以能冲开绝壁夺隘而出，是因其积聚了千里奔涌、万壑归流的洪荒伟力。在近代以来漫长的历史进程中，中国人民经历了太多太多的磨难，付出了太多太多的牺牲，进行了太多太多的拼搏。现在，中国人民和中华民族在历史进程中积累的强大能量已经充分爆发出来了，为实现中华民族伟大复兴提供了势不可挡的磅礴力量。"而探索中国奇迹背后的磅礴力量之谜、强大能量之源，在新的历史起点上凝聚起更强大的中国力量，是实现中华民族伟大复兴、推进构建人类命运共同体的题中之义。正是基于这样的考虑，我们编写了本书。

　　本书在编写过程中参考了学界的部分研究成果以及中央和地方媒体发表的相关资料，在此表示由衷的感谢！由于水平和能力有限，书中难免有错讹和不足之处，敬请各位专家和读者批评指正。

谷耀宝

2019 年 10 月